嘉兴新型职业农民培训系列教材

农产品质量安全

刘 锐 主编

中国农业大学出版社
·北京·

图书在版编目(CIP)数据

农产品质量安全/刘锐主编.—北京:中国农业大学出版社,2016.12(2018.4 重印)

ISBN 978-7-5655-1743-3

Ⅰ.①农… Ⅱ.①刘… Ⅲ.①农产品-产品质量法-基本知识-中国 Ⅳ.①D922.4

中国版本图书馆 CIP 数据核字(2016)第 285722 号

书　　名 农产品质量安全
作　　者 刘　锐　主编

策划编辑 梁爱荣　　**责任编辑** 梁爱荣
封面设计 郑　川　　**责任校对** 王晓凤
出版发行 中国农业大学出版社
社　　址 北京市海淀区圆明园西路 2 号　　**邮政编码** 100193
电　　话 发行部 010-62818525,8625　　**读者服务部** 010-62732336
编辑部 010-62732617,2618　　**出 版 部** 010-62733440
网　　址 http://www.cau.edu.cn/caup　　**e-mail** cbsszs@cau.edu.cn
经　　销 新华书店
印　　刷 涿州市星河印刷有限公司
版　　次 2017 年 1 月第 1 版　2018 年 3 月第 2 次印刷
规　　格 850×1168　32 开本　5.125 印张　130 千字
定　　价 15.00 元

编写人员

主　　编　刘　锐（嘉兴职业技术学院）

参编人员　吴海洪（嘉兴职业技术学院）
　　　　　周明良（中法控股集团有限公司）
　　　　　赵海云（嘉兴职业技术学院）
　　　　　陆叙元（嘉兴职业技术学院）

内容简介

本书简单介绍了农产品质量安全基本概念以及农产品包装与标志，概述了嘉兴市农产品质量安全环境，重点介绍了农产品质量安全认证程序和要求，并探讨了我国目前农产品质量安全现状及问题。

全书共分五章：第一章农产品质量安全基本概念；第二章农产品包装与标志；第三章嘉兴市农产品质量安全环境概述；第四章农产品质量安全认证；第五章我国农产品质量安全现状及问题。

教材结合嘉兴实际，从管理角度论述了农产品质量安全问题。教材在编写过程中力求专业知识通俗易懂，内容简明扼要。教材主要服务的读者对象是具有一定文化基础知识、热衷于农产品的生产与管理，并具有良好的职业操守，同时又没有经过比较系统的专业知识学习与技能训练的职业农民。

序

新型职业农民培育是事关“三农”发展的重大战略性问题，也是事关农业现代化的方向性问题。作为传统农业大市和统筹城乡先行地的嘉兴，近年来一直把培育新型职业农民作为重点工作来抓，依托农民院校和农广校为主平台，采取适应成人学习和符合农业生产规律的“分段式、重实训、参与式”培育方式，大力推行农民田间学校、送教下乡模式，逐步推进从“办班”到“育人”的转变。自2014年市农民学院成立以来，以“整合资源、创新机制、提高效益、构建平台”为原则，以培养农村实用人才、新型职业农民以及农村创业创新人才为重点，开设包含粮食生产技术、农产品电子商务、花卉苗木、果树种植技术等培训班，形成了“专家授课、学员交流、基地学习、考核评价”的培训模式，培养了近两千名中高级农村实用人才，为推进农业转型发展和社会主义新农村建设注入了新活力，提供了新动能。

“十三五”时期，是全面建成小康社会的决胜期，也是传统农业向现代农业转化的关键时期，大量先进农业科学技术、高效率的农业设施装备、现代化的经营管理理念越来越多地被引入农业生产的各个领域，迫切需要加快构建职业农民队伍，形成一支高素质的农业生产经营者队伍。培育新型职业农民需要有效的教育培训制度，不断提高教育培训的专业化、精准化、标准化水平，而教材建设是一项非常重要的基础性工作。这次市农民学院组织专家编写本乡本土的新型职业农民培训教材，在选题、内容、形式等方面进行了不同程度的探索，形成了第一批系列精品教材，为构建特色鲜明、内容全面、务实管用的区域教材体系开了一个好头。这批教材概括起来有三个特点：一是选题准，实现与现代农业发展要求和农民需求对接，有利于新型职业农民综合素质、生产水平和经营能力全面提升；二是内容翔实，围绕嘉兴市主导产业全过程梳理，贴近农民生产生活实际；三是形式新，实现与农民学习特点和习惯对接，图文并茂、通俗易懂。

农业是国民经济的基础，农业现代化是国家现代化的重要组成部分。在大众创业、万众创新的时代潮流中，作为现代农业核心主体的新型职业农民必将大有可为。新形势意味着新任务，新阶段意味着新起点，各级各部门要坚持“政府主导、农民主体、需求导向、综合配套”的原则，把培育新型职业农民作为重要职责，放在突出位置，采取更加有力的措施推动各项工作落实到位。希冀农民学院以系列教材的编写为契机，进一步规范职业教学，提升培养质量，更好地满足新型职业农民多层次、多形式、广覆盖、经常性、制度化的教育培训需求，把新型职业农民培育打造成民心工程、德政工程，使农民学院真正成为农民终身学习的平台、创业创新的摇篮，为农业现代化建设提供有力支撑。

2016.10

前　言

随着人类文明的进步和人们对自身健康的日益重视，以及经济全球化的影响日趋明显，国家和消费者对农产品安全的要求越来越高。但似乎农产品在生产和经营的过程中暴露出来的安全问题越来越多，农产品安全日趋成为人们关注的焦点问题。

嘉兴素有“鱼米之乡，丝绸之府”的美誉，是浙江粮、油、畜、茧、鱼的重要产区。截至 2015 年末，共有耕地面积 311 万亩，其中水田面积 277.4 万亩、旱地 33.7 万亩。嘉兴农业生产经营水平连年稳步提高，粮食产量已占全省 20%，“菜篮子”“果盘子”供应充足，价格稳定。截至 2015 年底，全市共有市级以上农业龙头企业 226 家，其中省级以上农业龙头企业 25 家、国家级农业龙头企业 4 家；共有家庭农场 1 939 家，经营面积 23.53 万亩，其中省级、市级示范性家庭农场分别为 49 家和 52 家；共有农民专业合作社 885 家，其中国家级、省级、市级示范性合作社分别为 27 家、75 家和77 家，组建合作社联合社 4 家，合作社带动农户占总农户数的 64.2%，规范化程度在全省领先。

目前嘉兴市农业生产规范化程度不断提升，无公害农产品、绿色食品、有机食品分别达到 623 个、170 个和 70 个，“国家地理标志保护产品”15 个，累计制定农业标准 500 多项，建立各级农业标准化示范区项目 82 个,5 个现代农业园区和粮食生产功能区整体通过无公害农产品产地认证,农业标准化生产程度达 63.09%,走在全省前列。嘉兴市也加强了农产品质量安全监管,农产品质量快速检测站(室)实现了县、镇两级全覆盖并向社会开放,全市农产品总体合格率保持在较高水平。

为配合推动嘉兴市农业进一步转型发展,立足促进农民增收、农产品安全、生态改善和美丽环境建设,引导广大农民应用先进适用技术和优良品种,推进以家庭农场为重点的主体提升,以良种、质量、品牌为核心,打造品质农业,结合十多年来嘉兴市农产品发展实际,嘉兴农民学院组织相关专业人员编写了本教材。教材简单介绍了农产品质量安全基本概念以及农产品包装与标志,概述了嘉兴市农产品质量安全环境,重点介绍了农产品质量安全认证程序和要求,并探讨了我国目前农产品质量安全现状及问题。编写人员具体分工如下:农产品质量安全基本概念由刘锐、吴海洪负责编写;农产品包装与标志由赵海云负责编写;嘉兴市农产品质量安全环境概述由刘锐负责编写;农产品质量安全认证由周明良负责编写;我国农产品质量安全现状及问题由陆叙元负责编写;刘锐、吴海洪负责全书的统稿工作。

由于时间仓促、编写水平有限,书中错误与不足之处难免,敬请读者批评与指正。

编　者

2016.10

目　录

第一章

农产品质量安全基本概念

民以食为天，食以安为先，食品安全已成为继人口、资源、环境之后的第四大社会问题。

农产品质量安全是指食品中不应包含有可能损害或威胁人体健康的有毒有害物质或不安全因素，不可导致消费者急性、慢性中毒或感染疾病，不能产生危及消费者及后代健康的隐患。

2006 年 11 月 1 日起施行的《中华人民共和国农产品质量安全法》第 33 条，从市场准入条件入手，禁止不符合农产品质量标准的农产品上市销售，有下列情形之一的农产品不得销售：

(1)含有国家禁止使用的农药、兽药或者其他化学物质的；

(2)农药、兽药等化学物质残留或者含有的重金属等有毒有害物质不符合农产品质量安全标准的；

(3)含有致病性寄生虫、微生物或者生物毒素，不符合农产品质量安全标准的；

(4)使用的保鲜剂、防腐剂、添加剂等材料不符合国家有关强制性的技术规范的；

(5)其他不符合农产品质量安全标准的。

一、农产品质量安全标准体系概述

标准：是以科学、技术、经验的综合成果为基础，以促进最佳社会效益为目的，经协商一致并经一个公认机构所批准，在一定范围内共同遵守的技术性文件。在我国按照适用范围划分，可分为国家标准、行业标准、地方标准和企业标准四类。按法律的约束性可分为强制性标准和推荐性标准两种。

农产品质量安全标准：是指依照有关法律、行政法规的规定制定和发布的农产品质量安全的强制性技术规范。一般是指规定农产品质量要求和卫生条件，以保障人的健康、安全的技术规范和要求。

农产品质量安全标准体系是农业标准体系中涉及农产品安全和质量中强制性的技术规范的有机系统。包括种植业、畜牧业、渔业等行业所涉及的标准。农业标准体系内容包括安全和质量两类标准。安全类标准，主要是指影响农产品安全的物理性、化学性和生物性危害因素方面的标准。质量类标准，主要是农产品质量标准以及与农产品质量有关的标准。

二、国外标准体系介绍

国际性标准化组织机构有：国际标准化组织（ISO）、国际食品法典委员会（CAC）、国际兽医局（OIE）、国际植物保护公约（IPPC）、国际有机农业运动联盟（IFOAM）、国际乳品联合会（IDF/FIL）、国际种子检验协会（ISTA）和国际葡萄与葡萄酒局（IWO/OIV）等。

国际标准化组织（ISO）：有 128 个成员（1946 年 6 月成立），中国 1978 年恢复加入。由技术管理局（TMB）负责标准制定。下设 218 个标准技术委员会和分会（食品技术委员会，TC 34），TC 34 已颁布有效标准 695 项。

国际食品法典委员会(CAC):有165个成员(1961年成立),中国1986年加入。2006年底,制定了297个食品标准、49个卫生安全技术规范(如GAP、GMP、HACCP)、1 192个杀虫剂评价,3 274种农业残留最大限量、1 005个食品添加剂、54个兽药规定、25个污染物准则。发布有效标准297项,汇编成13卷。

欧盟标准:由欧洲标准化委员会(CEN)负责标准发布。2006年底,CEN已发布320个标准,其中欧盟果蔬食品安全标准128项。包括:农药残留12项、添加剂5项、食品接触材料7项、有害无机物1个项、检验检验方法77项、控制管理标准4项以及其他标准等。

美国标准:由食品药品管理局(FDA)制定除畜、禽、蛋制品(鲜蛋仍在卫生部)等产品以外所有的农产品质量安全标准,包括水产品标准、兽药残留限量标准、包装材料标准等,发布在《美国联邦法规》第21卷《食品与药品》上;由农业部(USDA)制定畜、禽、蛋制品的标准,发布在《美国联邦法规》第7卷《农业》和第9卷《动物和动物制品》上;由环境保护署(EPA)制定农药残留限量标准,发布在《美国联邦法规》第40卷《环境保护》上。

韩国标准:包括动植物检疫、有毒有害物质残留标准等。安全标准:农药残留限量指标6 899项;兽药残留限量指标292项(2002年);重金属限量指标26项。质量标准:质量规格标准750多个。

三、国内农产品标准体系介绍

(一)绿色食品标准体系

(1)绿色食品　是指产自优良环境,按照规定的技术规范生产,实行全程质量控制,产品安全、优质,并使用专用标志的食用农产品及加工品。

(2)绿色食品标准　应用科学技术原理,结合绿色食品生产实践,借鉴国内外相关标准所制定的,在绿色食品生产中必须遵守，在绿色食品质量认证时必须依据的技术性文件。

(3)绿色食品标准内容　绿色食品标准实现“从田间到餐桌”控制的标准体系。标准体系构架包括绿色食品产地环境质量标准、绿色食品生产技术标准、绿色食品产品标准、绿色食品包装、贮运准则四大方面。目前共颁布的标准有：①产地环境标准2项；②生产技术标准（准则）7项；③产品标准95项；其中，种植业标准36项、畜禽产品6项、渔业产品9项、加工产品44项；④包装、贮运标准2项；⑤抽样、检验标准2项。

(二)无公害食品标准体系

(1)无公害农产品　是指产地环境、生产过程、产品质量符合国家有关标准和规范的要求，经认证合格获得认证证书并允许使用无公害农产品标志的未经加工或初加工的食用农产品；也就是使用安全的投入品，按照规定的技术规范生产，产地环境、产品质量符合国家强制性标准并使用特有的安全农产品。

(2)无公害标准　是指无公害农产品认证的技术依据和基础，是判断无公害农产品的尺度。

(3)无公害标准内容　按照“保证基本安全、满足大众消费”要求，体现“从农田到餐桌”全程质量控制要求。标准体系构架包括产品标准、农业投入品使用准则、产地环境条件、生产技术规范和认证管理技术规范五个方面。标准内容：2006年底农业部共制定无公害标准395项，现行使用标准281项。

(三)有机产品标准体系

(1)有机农产品　是指来自于有机农业生产体系，根据有机农业生产要求和相应的标准生产、加工和销售，并通过独立的有机认证机构认证的供人类消费、动物食用的产品。有机农业是指遵照一定的有机农业生产标准，在生产中不采用基因工程获得的生物及其产物，不使用化学合成的农药、化肥、生长调节剂、饲料添加剂等物质，遵循自然规律和生态学原理，协调种植业和养殖业的平衡，采用一系列可持续发展的农业技术以维持持续稳定的农业生产体系的一种农业生产方式。

(2)有机农产品标准　为促进有机产品生产、加工和贸易的发展，规范有机产品认证活动，提高有机产品的质量和管理水平，保护生态环境，在认证时必须依据的技术性文件。

(3)有机产品标准内容　有机产品的标准 GB/T××××《有机产品》分为四个部分：

第 1 部分——生产：本标准适用于未加工的农作物产品、野生采集产品、畜禽以及未加工的畜禽产品、蜜蜂和蜂产品、水产养殖产品、纺织品的原料和饲料、配合饲料以及饲料原料。本标准适用于有机生产和认证的全过程，主要包括：作物种植、食用菌种植、野生植物采集、畜禽养殖、水产养殖和蜜蜂养殖的生产、运输、贮藏和包装全过程。

第 2 部分——加工：本标准适用于以 GB/T ××××—20××《有机生产标准》生产的未加工产品为原料进行加工后的产品。本标准适用于有机加工及其后续全过程，主要包括：①配制或加工(保存和/或加工农产品的操作，含屠宰和切割畜禽产品)；②包装；③标识(包装、文件、说明、标签上的任何与有机认证有关的文字、商标商品名称、图形或符号)；④产品贮藏(最终包装的产品除外)；⑤产品贸易。

第 3 部分——标识与销售：本标准规定了有机产品标识和销售的方法和要求。目的是提供满足有机产品标识和销售要求的统一方法，避免出现不符合实际的产品说明，保护消费者利益。

第 4 部分——管理体系：本标准规定了进行有机产品生产和加工过程中必须建立和维护的管理体系的要求。本标准适用于有机产品的生产者、加工者及相关的供应环节。

第二章

农产品包装与标志

第一节 包装与标签标准

一、农产品包装的概念及其基本要求

农产品包装是对即将进入或已经进入流通领域的农产品或农产品加工品采用一定的容器或材料加以保护和装饰。农产品包装是农产品商品流通的重要条件。在流通过程中，粮食、肉类、蛋类、水果、茶叶、蜂蜜等农产品，不加包装则无法运输、贮存、保管和销售，送达消费者手中，也不便于包装机械的运用，实现农产品包装的工厂化、自动化。因此现代市场营销要求，农产品包装是特定品种、数量、规格、用途等的农产品包装，每个包装单位的大小、轻重、材料、方式等应按照目标顾客需求、包装原则、包装技术要求进行，以保护农产品，减少损耗，便于运输，节省劳力，提高仓容，保持农产品卫生，便于消费者识别和选购，美化商品，扩大销售，提高农产品市场营销效率。

农产品包装的基本要求：农产品生产企业、农民专业合作经

济组织以及从事农产品收购的单位或者个人销售的农产品。按照规定应当包装或者附加标识的,须经包装或者附加标识后方可销售。包装物或者标识上应当按照规定标明产品的品名、产地、生产者、生产日期、保质期、产品质量等级等内容;使用添加剂的,还应当按照规定标明添加剂的名称。

二、现代绿色食品包装技术

绿色食品的包装必须遵循的原则,包括绿色食品包装的要求、包装材料的选择、包装尺寸、包装检验、抽样、标志与标签、贮存与运输等内容。

(一)食品包装材料

包装、盛放食品或者食品添加剂用的纸、竹、木、金属、搪瓷、陶瓷、塑料、橡胶、天然纤维、化学纤维、玻璃等制品和直接接触食品或者食品添加剂的涂料。

(二)绿色食品包装应具备的条件

(1)基本条件　根据不同的绿色食品选择适当的包装材料、容器、形式和方法,以满足食品包装的基本要求。

(2)包装的体积和质量应限制在最低水平,包装实行减量化

在技术条件许可与商品有关规定一致的情况下,应选择可重复使用的包装;若不能重复使用,包装材料应可回收利用;若不能回收利用,则包装废弃物应可降解。

(3)纸类包装要求　可重复使用回收利用或可降解;表面不允许涂蜡、上油;不允许涂塑料等防潮材料;纸箱连接应采取黏合方式,不允许用扁丝钉线钉合;纸箱上所作标记必须用水溶性油墨,不允许用油溶性油墨。

(4)玻璃制品　应可重复使用或回收利用。

(5)塑料制品要求　使用的包装材料应可重复使用、回收利

用或可降解。在保护内装物完好无损的前提下，尽量采用单一材质的材料。使用的聚氯乙烯制品，其单体含量应符合国家标准要求。使用的聚苯乙烯树脂或成型品应符合相应国家标准要求。不允许使用含氟氯烃(CFS)的发泡聚苯乙烯(EPS)、聚氨酯(PUR)等产品。

(6)外包装上印刷标志的油墨或贴标签的黏着剂应无毒，且不应直接接触食品。

(7)可重复使用或回收利用的包装，其废弃物的处理和利用按国家标准的规定执行。

(8)包装尺寸

①绿色食品运输包装件尺寸应符合 GB/T 4892、GB/T 13201、GB/T 13757 的规定。

②绿色食品包装单元应符合 GB/T 15233 的规定。

③绿色食品包装用托盘应符合 GB/T 16470 的规定。

(9)标志与标签　绿色食品外包装上应印有绿色食品标志，并应有明示使用说明及重复使用、回收利用说明。标志的设计和标识方法按有关规定执行；绿色食品标签除应符合 GB/T 7718 的规定外，若是特殊营养食品，还应符合 GB/T 13432 的规定。

①获得绿色食品标志使用权的企业，应尽快使用绿色食品标志。绿色食品标志是中国绿色食品发展中心在国家工商行政管理局商标局注册的质量证明商标。作为商标的一种，该标志具有商标的普遍特点，只有使用才会产生价值。若取得标志使用权后长期不使用绿色食品标志，还会妨碍中国绿色食品发展中心的管理工作。因而，企业应尽快使用绿色食品标志。

②绿色食品产品标签、包装必须符合《中国绿色食品商标标志设计使用规范手册》要求。绿色食品生产企业在产品内、外包装及产品标签上使用绿色食品标志时，绿色食品标志的标准图形、标准字体、图形与字体的规范组合、标准色、编号规范必须按照

《中国绿色食品商标标志设计使用规范手册》要求执行，并报中国绿色食品发展中心审核、备案。包装、标签上必须做到“四位一体”，即绿色食品标志图形、“绿色食品”文字、编号及防伪标签须全部体现在产品包装上。凡标志图形出现时，必须附注册商标符号“R”。在产品编号正后或正下方须注明“经中国绿色食品发展中心许可使用绿色食品标志”的文字，其规范英文为“Certified China Green Food Product”。产品标签还必须符合《食品标签通用标准》GB 7718。标签上必须标注食品名称、配料表、净含量及固形物含量，制造者、销售者的名称和地址，日期标志（生产日期、保质期/保存期）和贮藏指南，质量（品质等级）和产品标准号。另外，还须注明防腐剂、色素等所用种类及用量。

③在宣传广告中使用绿色食品标志。许可使用绿色食品标志的产品在其宣传广告中应注意使用绿色食品标志。使用在所有可做广告宣传的物体和媒体上，如在名片、台历、灯箱、运输车和办公楼上或电视广告中使用绿色食品标志，必须符合《中国绿色食品商标标志设计使用规范手册》要求。

④绿色食品生产企业不能扩大绿色食品标志使用范围。绿色食品标志在包装、标签上或宣传广告中使用，只能用在许可使用标志的产品上。例如：某饮料生产企业产品有苹果汁、桃汁、橙汁等，其中仅苹果汁获得了绿色食品标志使用权，则企业不能在桃汁、橙汁的包装上使用绿色食品标志，广告宣传中也不应用“某某果汁，绿色食品”之类的广告语，只能讲“某某苹果汁，绿色食品”，以免给消费者造成误解。另外，在系列产品上，如某茶厂云雾绿茶获得标志使用权后，在未申报的银毫绿茶上使用绿色食品标志；在联营、合营厂的产品上，如山东省某奶粉厂生产的A牌奶粉获得标志使用权后，擅自在其河南省联营企业生产的B牌奶粉上使用绿色食品标志等，都是擅自扩大使用范围，是不能允许的。

(三)果蔬保鲜

1.果蔬保鲜包装的要求

在保鲜包装时要求能充分利用各种包装材料所具有的阻气、阻湿、隔热、保冷、防震、缓冲、抗菌、抑菌、乙烯吸收等特性,采用相应包装方法对果蔬进行内外包装,在包装内创造一个良好的微环境条件,降低果蔬呼吸作用至维持其生命活动所需的最低限度,并尽量降低蒸发作用,防止微生物侵染与危害。同时,也应避免果蔬受到机械损伤。

(1)软性水果　如草莓、葡萄、水蜜桃等,含水量大,果肉组织极软,是最不易保鲜的一类。包装材料要求具有防压、防震、防冲击性能,具有适当的水蒸气、氧气透过率,避免包装内部产生水雾、结露和缺氧性败坏。采用半刚性容器包装,同时覆盖以玻璃纸、醋酸纤维或聚苯乙烯等薄膜。

(2)硬质果蔬　如苹果、香蕉、李、柑橘、桃、甘薯、胡萝卜、马铃薯、洋葱、山药等硬质果蔬,肉质较硬,呼吸作用和蒸发也较软质水果缓慢,不易腐败,可较长时间保鲜,这类果蔬的包装要求创造最适的温湿度条件和环境气体组成,尽可能地延长保鲜期。采用普通的聚乙烯等薄膜包装或用浅盘盛放、用拉伸或收缩裹包等方式包装。

(3)茎叶类蔬菜　这类蔬菜组织脆嫩,脱水速度快,易造成萎蔫。其呼吸速度也较快,对缺氧条件很敏感。这类包装主要考虑其防潮性和抗损伤作用以及对环境气体的调节能力。

2.果蔬保鲜包装的基本方法

利用包装材料与容器所具有的简单气调效果,以及开发其防蒸发、防雾、防结露及减震抗压等特性来进行包装的。

(1)基本方法　现在一般趋向采用透气式与密封式结合的包装方法。如苹果、李、香蕉、哈密瓜的外包装一般采用透风透气式包装,内包装则采用不同的包装材料密封或有限密封包装。

(2)果蔬内包装方法

①塑料袋包装:选择具有适当透气性、透湿性的薄膜,可以起到简易气调效果;与真空充气包装结合进行,以提高包装的保鲜效果。这种包装方法要求薄膜材料具有良好的透明度,对水蒸气、氧气、二氧化碳透过性适当。

②浅盘包装:将果蔬放入纸浆模塑盘、瓦楞纸板盘、塑料热成型浅盘等,再采用热收缩包装或拉伸包装来固定产品。这种包装具有可视性,有利于产品的展示销售、穿孔膜包装:密封包装果蔬时,某些果蔬包装内易出现厌氧腐败、过湿状态和微生物侵染,因此,需用穿孔膜包装以避免袋内二氧化碳的过度积累和过湿现象。在实施穿孔膜包装时,穿孔程度应通过实验确定,一般以包装内不出现过湿所允许的最少开孔量为准。这种方法也称有限气调包装。

③简易膜包装:常用 PE 薄膜对单个果蔬进行简单裹包拧紧,该方法只能起到有限的密封作用。

④硅窗气调包装:用聚甲基硅氧烷为基料涂覆于织物而制成的硅酸膜。各种气体具有不同的透过性,可自动排除包装内的二氧化碳和乙烯及其他有害气体,同时透入适量氧气,抑制和调节果蔬呼吸强度,防止发生生理病害,保持果蔬的新鲜度。此外,双层纸袋、开窗纸袋、带孔眼纸袋和纤维网袋、塑料网袋等也常用于包装新鲜果蔬。

3.果蔬外包装法

外包装是对进行了包装的果蔬进行二次包装,以增加耐贮运性,并有利于创造合适的保鲜环境。主要是木箱、瓦楞纸箱、纤维板箱、塑料箱及衬垫缓冲材料等。可同时封入保鲜剂以及各种衬垫缓冲材料,如脱氧剂、杀菌剂、去乙烯剂、蓄冷剂、吸湿性片材等。

(四)肉的包装

1.成品分割肉的包装

肉在常温下的货架期只有半天,冷藏鲜肉 2～3 d,充气包装生鲜肉 14 d,真空包装生鲜肉约 30 d,真空包装加工肉约 40 d,冷冻肉则在 4 个月以上。目前,分割肉越来越受到消费者的喜爱,因此分割肉的包装也日益引起加工者的重视。

2.分割鲜肉的包装

分割鲜肉的包装材料透明度要高,便于消费者看清生肉的本色。其透氧率较高,以保持氧合肌红蛋白的鲜红颜色;透水率(水蒸气透过率)要低,防止生肉表面的水分散失,造成色素浓缩,肉色发暗,肌肉发干收缩;薄膜的抗湿强度高,柔韧性好,无毒性,并具有足够的耐寒性。但为微生物的繁殖,也可用阻隔性高(透氧率低)的包装材料。

为了维护肉色鲜红,薄膜的透氧率至少要大于 5 000 mL/(m^2·24 h·atm·23℃)(1 atm＝101 325 Pa)。如此高的透氧率,使得鲜肉货架期只有 2～3 d。真空包装的材料透氧率应小于 40 mL/(m^2·24 h·atm·23℃),这虽然可使货架期延长到 30 d,但肉的颜色则呈还原状态的暗紫色。一般真空包装复合材料为 EVA/PVDC(聚偏二氯乙烯)/EVA、PP(聚丙烯)/PVDC/PP、尼龙/LDPE(低密度聚乙烯)、尼龙/Surlgn(离子型树脂)。

充气包装是以混合气体充入透气率低的包装材料中,以达到维持肉颜色鲜红、控制微生物的目的。另一种充气包装是将鲜肉用透气性好但透水率低的 HDPE(高密度聚乙烯)/EVA 包装后放在密闭的箱子中,再充入混合气体,以达到延长鲜肉货架期、保持鲜肉良好色泽的目的。

3.冷冻分割肉的包装

冷冻分割肉的包装采用可封性的复合材料(至少含有一层以上的铝箔基材)。代表性的复合材料有PET(聚酯薄膜)/PE(聚乙烯)/AL(铝箔)/PE,MT(玻璃纸)/PE/AL/PE。冷冻的肉类坚硬,包装材料中间夹层使用聚乙烯能够复合材料的耐破强度。目前,国内大多数厂家考虑经济利益更多地采用塑料薄膜。

第二节 常见标志

一、无公害农产品

无公害农产品是指有毒有害物质控制在安全允许范围内,符合《无公害农产品(食品)标准》的农产品,或以此为主要原料并按无公害农产品生产技术操作规程加工的农产品。无公害农产品的质量要求低于绿色食品和有机食品。

图2-1 无公害农产品标志

图2-1是无公害农产品标志。

二、绿色食品

它由三部分构成,即上方的太阳、下方的叶片和中心的蓓蕾,象征自然生态;颜色为绿色,象征着生命,农业、环保;图形为正圆形,意为保护。AA级绿色食品标志与字体为绿色,底色为白色,A级绿色食品标志与字体为白色,底色为绿色。整个图形描绘了一幅明媚阳光照耀下的和谐生机,告诉人们绿色食品是出自纯净、良好生态环境的安全、无污染食品,能给人们带来蓬勃的生命力。

图 2-2 是绿色食品标志。

A级绿色食品标志（左）；
AA级绿色食品标志（右）

图 2-2　绿色食品标志

三、QS 标志

QS 标志是食品市场准入标志，由“质量安全”英文（quality safety）字头 QS 和“质量安全”中文字样组成。标志主色为蓝色，字母“Q”与“质量安全”四个中文字样为蓝色，字母“S”为白色。《食品生产加工企业质量安全监督管理办法》规定，实施食品质量安全市场准入制度管理的食品，首先必须按规定程序获取《食品生产许可证》，其次产品出厂必须经检验合格并加印（贴）食品市场准入标志。没有食品市场准入标志的，不得出厂销售。食品质量安全市场准入制度，自 2001 年开始，首先在米、面、油、酱油、醋五类食品中推行。2003 年 5 月 1 日起，五类食品中凡未取得《食品生产许可证》、并且未加印（贴）QS 标志的，不得出厂销售。2003 年下半年，又扩大到肉制品、乳制品、饮料、调味品（糖、味精）、方便面、饼干、罐头、冷冻饮品、速冻米面食品、膨化食品等 10 类食品。近期，将对包括余下 13 类食品在内的所有食品实行食品质量安全市场准入制度。消费者在选购已经实施食品质量安全市场准入制度的食品时，应当选购已经加印（贴）QS标志的食品。根据新《食品生产许可管理办法》规定，2018年10月1日及以后生产的食品一律不得继续使用原包装和标签以及“QS”标志，取而代之的是有“SC”标志的编码。

图 2-3　QS 标志

图 2-3 是 QS 标志。

四、国家免检产品

国家免检产品即符合《产品免于质量监督检查管理办法》规定的产品。2000年3月14日，原国家质量技术监督局制定了《产品免于质量监督检查管理办法》（以下简称《免检办法》）。当免检产品出现质量问题时，用户、消费者可以向生产企业所在地的质量技术监督部门申诉和举报。质监部门按照法律法规及有关规定进行处理。国家免检产品免检条件及审定程序：

（1）免检产品及其生产企业应当符合的条件：①产品质量长期稳定，企业有完善的质量保证体系；②产品市场占有率、经济效益在本行业内排名前列；③产品标准达到或者严于国家标准、行业标准要求；④产品经省级以上质量技术监督部门连续3次以上（含3次）监督检查均为合格；⑤产品符合国家有关法律法规和国家产业政策。

（2）凡符合上述规定条件的企业可以自愿提出产品免检申请，填写产品免检申请表，如实提出有效证明材料，报送企业所在地的省级质量技术监督部门。

(3)省级质量技术监督部门负责受理企业申请，对申请材料进行书面审查，签署审查意见，报送国家质量技术监督局。

(4)国家质量技术监督局在征求社会有关方面意见后，对免检产品予以审定，向符合规定条件的申请企业颁发免检证书，并向社会公告。

(5)获得免检证书的企业在免检有效期内可以自愿在产品或其包装上使用规定的免检标志。使用的免检标志应当注明获准免检的时间及有效期限。免检的有效期为3年。免检到期后产品需要继续免检的，企业应当重新提出申请。

图 2-4　国家免检产品标志

图 2-4 是国家免检产品标志。

五、有机食品

有机食品是一种国际通称，是从英文 organic food 直译过来的，其他语言中也有叫生态或生物食品。这里所说的“有机”不是化学上的概念，而是指采取一种有机的耕作和加工方式。有机食品是指按照这种方式生产和加工的；产品符合国际或国家有机食品要求和标准；并通过国家认证机构认证的一切农副产品及其加工品，包括粮食、蔬菜、水果、奶制品、禽畜产品、蜂蜜、水产品、调料等。

图 2-5　有机食品标志

图 2-5 是有机食品标志。

六、中国环境标志认证

中国环境标志认证俗称十环认证，表明该产品不仅质量合格，而且在生产、使用和处理处置过程中符合特定的环境保护要求，与同类产品相比，具有低毒少害、节约资源等环境优势。

图 2-6 是中国环境标志。

图 2-6　中国环境标志

七、CQC

CQC 是中国质量认证中心的英文简称，是经国家有关部门批准设立的专业认证机构，CQC 及其设在国内外的分支机构是中国开展质量认证工作最早、最大和最权威的认证机构。中国质量认证中心是被多国政府和多个国际权威组织认可的第三方专业认证机构，隶属中国检验认证集团。中国质量认证中心可提供安全与性能、节能环保与低碳、管理提升、国际认证及培训等各个领域的认证及相关技术服务。中国质量认证中心始终致力于通过认证帮助客户提高产品和服务质量，促成各界的交流与合作，促进市场诚信体系与和谐社会建设。

图 2-7　CQC 标志

图 2-7 是 CQC 标志。

第三章

嘉兴市农产品质量安全环境概述

第一节 嘉兴市农产品生产环境概述

一、嘉兴市自然环境简况

(一)地理位置

嘉兴市位于经济发达的长江三角洲南翼,地处浙江北部杭嘉湖平原,东邻上海,西靠杭州,北依苏州,南濒杭州湾,相距均不足100 km。1 h车程范围内,有上海虹桥、浦东、杭州萧山三大国际机场和上海港、北仑港、乍浦港三大港口;沪杭高速、乍(浦)嘉(兴)苏(州)高速和连接上海至宁波的杭州湾跨海大通道以及沪杭铁路复线、320国道、京杭大运河均贯穿全境。

(二)地形、地貌及地质

嘉兴市地势平坦,河网密布,湖荡众多,属典型的江南水网地带。自然因素和人为长期生产活动影响，使境内形成地势低平，平均地面高程在 4.17 m(黄海高程系)左右。该地区的地质构造属华夏古陆的北缘，地体刚性较差，活动性较大；该地区的地层和岩层为第四纪沉积层，地质性能稳定。

(三)气象条件

嘉兴市处于亚热带季风气候区，气候温和，雨量充沛，日照充足，四季分明，是典型的亚热带季风气候。3—6 月为梅雨季节，7—10 月多台风。图 3-1 和图 3-2 是全年风向和风速玫瑰图。

据浙江省气象档案馆提供的资料，嘉兴市近 30 年来的气象要素如下：

平均气压/kPa：	101.64
平均气温/℃：	15.9
相对湿度/%：	81
降水量/mm：	1 185.2
蒸发量/mm：	1 271.5
日照时数/h：	1 954.2
日照率/%：	44
降水日数/d：	137.9
雷暴日数/d：	29.5
大风日数/d：	5.6
各级降水日数/d：	
$0.1 \leqslant r < 10.0$	100.1
$10.0 \leqslant r < 25.0$	25.6
$25.0 \leqslant r < 50.0$	9.3
$50.0 \leqslant r$	2.9

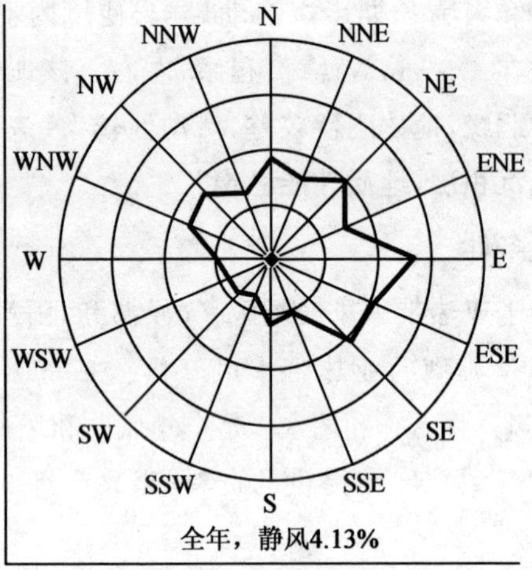

图 3-1　嘉兴市全年风向玫瑰图(每圈＝4%)

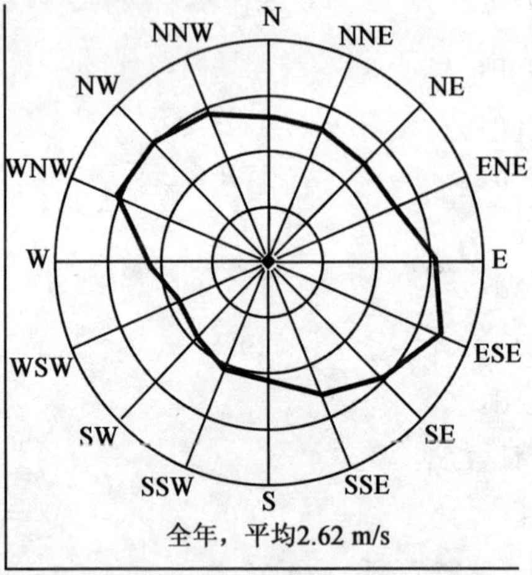

图 3-2　嘉兴市全年风速玫瑰图(每圈＝1 m/s)

(四)水文特征

嘉兴市水资源的构成,分地表水和地下水两种形式,其中地表水是嘉兴市水资源存在的主要形式。

根据统计,嘉兴市历年平均水资源总量为19.37亿m^3,人均拥有量为550 m^3,每公顷土地拥有量为7 740 m^3,低于全国、全省平均水平。但是嘉兴市整个区域地处杭、嘉、湖东部平原的下游,主干河流及其干网都是平原的排水走廊,河道径流常年自由畅泄,过境水量丰富。

按河道的水流特征,全市河流可分入海(杭州湾)和入浦(黄浦江)两个类型。入海以长山河、海盐塘和盐官河为骨干河道组成的南排水网;入浦以京杭运河、澜溪塘、苏州塘、芦墟塘、红旗塘、三店塘、上海塘为骨干河道组成的入浦水网。嘉兴市区是主骨干河流的汇集和散发地,运河苏州塘由于受太浦河等水利工程的影响,长年流向变为向南为主,形成以嘉兴市区为节点"五进三出"的水力环境,即长水塘、海盐塘、新塍塘、运河、苏州塘进入市区后,流向平湖塘、嘉善塘和三店塘。

嘉兴市大小河、湖纵横相连,河道总长度13 802.31 km,水域面积268.93 km^2,其中市、县二级主干河道57条,总计9 590.1 km^2。

以上湖荡计80个,湖荡水面积42.22 km^2。全市总计河荡水面积311.15 km^2,河网率7.89%,河道分布密度为3.5 km/km^2,形成了一个平原水网,明显的特点是:水力坡度小,且大多是感潮河流。

二、嘉兴市社会环境简况

(一)社会环境概况

嘉兴市现有辖7个县(市、区),即南湖区、秀洲区、嘉善县、平湖市、海盐县、海宁市、桐乡市。所辖5县市已连续三次进入全国综合实力百强县。

嘉兴素有“鱼米之乡”“丝绸之乡”之称，传统的农产品以粮、畜、桑、油、渔为主，比较著名的有嘉兴黑猪、湖羊、杭白菊、嘉兴槜李、平湖西瓜、海宁榨菜、海盐南瓜等。近年来，嘉兴利用充裕的土地和水域资源，加快农业结构调整，各种新优瓜菜和特种水产品迅速发展。嘉兴市工业门类以纺织、造纸、制革、家电、食品为主，机械、电子、化工、建材等综合发展。

（二）总体规划概况

根据嘉兴市人民政府于 2004 年 9 月编制的《嘉兴市城市总体规划》报告，嘉兴城市总体发展目标是充分发挥其优越的地理位置、便捷的交通条件，围绕水乡特色、突出文化氛围，着眼于建设“实力嘉兴、人文嘉兴、生态嘉兴、法治嘉兴”，全面建设小康社会，提前基本实现现代化。

城市中心区：北至东升路、东至纺工路、西至越秀路、南至中环南路，面积 12.6 km^2。中心区是城市商务、行政、文化、休闲设施的集中区域。环城河以内是商业金融核心，主要功能为商务、金融、休闲等；南湖以南是行政文化核心，主要功能为行政、文化、居住、休闲等。其余多为居住用地，南湖与西南湖构成城市的绿心。

东南片区：沪杭铁路东南面，中环南路、纺工路以外，直至规划南郊河的区域，面积 66 km^2。以南湖新区为重点，主要布置居住和区级公共服务设施，适当安排工业。其中南郊河以南是城市未来的客运枢纽，中环南路东延伸段两侧集中区级公共服务设施，形成城市东部的副中心，外环路以东为工业用地。海盐塘沿岸作为城市的生态景观廊道，是城市绿心与南片楔形绿地之间的过渡和延续。

西南片区：北至新塍塘，东至越秀路和沪杭铁路，西至乍嘉苏高速公路，南至规划南郊河，面积31.6 km^2。以秀洲新区为重点，主要布置居住、教育、区级公共服务、工业、市场等用地。其中秀洲新区集中区级公共服务设施，形成城市西部的副中心，文昌路两侧为高教园区，中南路西延伸段南部安排高新产业园。

北片区：西、北至北郊河，南至新塍塘和东升路，东至沪杭铁路，面积32 km^2。以居住、工业、物流为主，居住主要位于禾兴北路两侧及中环北路以南，中环路以外集中布置嘉兴经济开发区工业用地，长纤塘与沪杭铁路之间利用铁水中转港建设物流基地。穆湖溪一带及苏州塘通过环城河与海盐塘构成贯穿中心城区南北的生态景观廊道，外环河以东为湘家荡旅游度假区。

第二节　嘉兴市近年来农产品生产环境主要污染物调查

一、嘉兴市地表水抗生素残留调查

抗生素是人类日常生活中接触最为频繁、使用量最大的化学品之一。由于其可诱导抗药菌的产生，近年来，排放到环境中的抗生素及其潜在的影响引起了越来越多学者们的关注。抗生素在环境介质中的存在浓度较低，而环境基质的复杂性使准确检测其中抗生素的含量成为难题，也成为解析抗生素在环境中的存在和行为、评价抗生素造成的环境风险等相关研究的制约因素。因此，开发抗生素在各种环境基质中的分析方法已经成为了一项热点。并且，由于抗生素的潜在危害巨大，有关抗生素去除技术的研究也日益增多。由于抗生素是人畜共用的，在动物和人体内的细菌中已经发现同样的耐药基因。为追求经济利益，抗生素作为促生长剂在畜禽养殖业中的滥用现象非常普遍，给畜禽养殖业带来的抗生素污染也不容小视。

(一)嘉兴市抗生素污染调查方法

2012年清华长三角研究院针对嘉兴市地表水中常用的四类(四环素类、磺胺类、喹诺酮类及大环内酯类)共10种兽用抗生素进行了调查。采用固相萃取法(SPE)同步富集地表水中的10种抗生素后,使用液相色谱-串联质谱联用仪(LC-MS/MS)检测。通过对SPE各操作步骤的优化,既保证了10种抗生素的同步萃取富集,又能最大限度地去除地表水和废水中杂质对测试的干扰;通过调整和优化色谱条件,达到了10种抗生素的同步基线分离,以提高抗生素的分析灵敏度为目标,优化选择了锥孔电压等质谱仪器参数。通过对标准曲线、回收率、检出限等指标的测定,验证了该方法具有较好的稳定性、准确度及灵敏度。将该方法应用于嘉兴市21个常规监测断面,并比较了不同季节同一水样中兽用抗生素的浓度变化,初步揭示了地表水和养猪废水中兽用抗生素的污染情况。

(二)嘉兴市地表水抗生素污染情况

1. 采样点设置及样品采集

嘉兴市区河网水样取自当地环保局监测站的21个常规监测断面(图3-3),采样时间为2012年8月底和12月底。由于远离乡村,水质受生猪养殖污染较少,水样TOC浓度为10.8～22.6 mg/L,氨氮浓度为0.07～1.0 mg/L。

2. 嘉兴市秋季地表水抗生素含量(2012年8月)

8月市区主要河网监控断面兽用抗生素浓度如表3-1所示。四大类抗生素在21个河网水样品中均有检出,但总浓度差别不大,在20～60 ng/L。其中,29%的点(U1,U2,U5,U6,U11,U18)抗生素总浓度低于30 ng/L,24%的点(U3,U7,U10,U19,U21)抗生素总浓度在30～50 ng/L,48%的点(U4,U8,U9,U12～U17,U20)抗生素总浓度在50～62 ng/L。

四环素类抗生素占 39%～95%，浓度为 0～44.0 ng/L；磺胺类抗生素浓度很低，浓度为 0～2.7 ng/L；大环内酯类浓度为 0～6.3 ng/L；喹诺酮类浓度为 0～21.6 ng/L。陆克祥等对黄浦江水中抗生素污染的调查结果显示四环素类浓度为 13.0～56.9 ng/L，与本次研究结果没有很大差异。

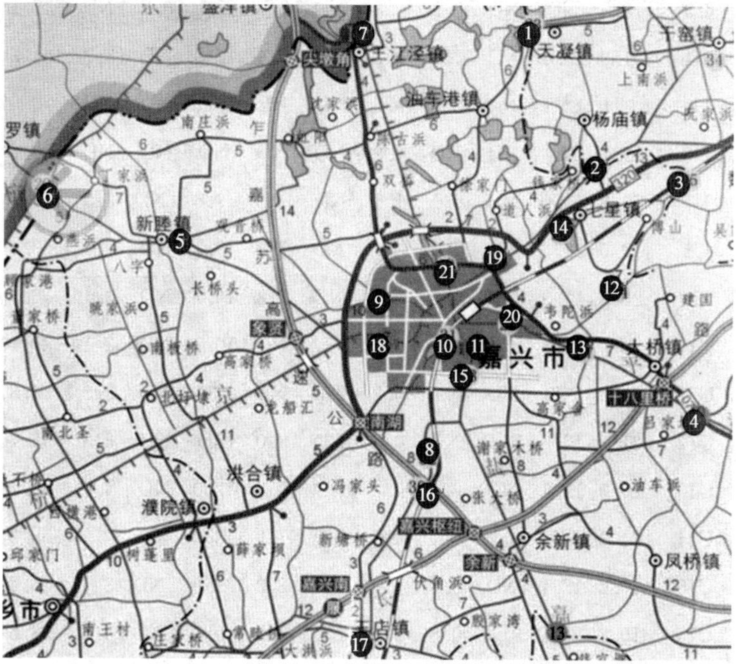

1. 红旗塘油车港出口；2. 三店塘杨庙大桥；3. 嘉善塘七星；4. 平湖塘焦山门桥；5. 新塍塘新塍出口；6. 新塍塘洛东大桥；7. 运河干流王江泾；8. 贯泾港；9. 石臼漾；10. 南门；11. 南湖中心；12. 嘉善塘渡船浜；13. 平湖塘人中浜；14. 三店塘湘家荡；15. 海盐塘倪家汇；16. 长水塘蚂蝗塘桥；17. 长水塘王店百乐桥；18. 运河干流龙凤大桥；19. 三店塘塘汇；20. 平湖塘长征桥；21. 运河干流北运桥

图 3-3　城区主要河网监控断面

表 3-1　市区主要河网监控断面 2012 年 8 月的抗生素浓度 ng/L

采样点	四环素类			磺胺类		喹诺酮类			大环内酯类		总量
	CTC	OTC	TC	SMD	SMX	ENR	NOR	CIP	TYL	RTM	
U1	ND	ND	ND	0.1	1.0	ND	8.0	11.8	ND	3.6	24.5
U2	ND	12.1	ND	0.1	0.8	2.4	ND	9.5	ND	3.1	28.2
U3	18.5	ND	ND	0.1	0.9	ND	8.7	12.4	6.2	ND	47.1
U4	21.9	13.6	ND	ND	0.8	ND	9.4	12.0	ND	3.2	61.2
U5	ND	12.1	10.3	0.5	0.5	ND	ND	ND	ND	ND	23.5
U6	19.2	ND	ND	ND	0.9	ND	ND	ND	ND	ND	20.1
U7	19.8	13.6	ND	0.1	1.1	ND	ND	9.6	ND	3.9	48.2
U8	19.0	12.3	ND	0.7	0.7	ND	7.9	12.1	ND	ND	53.0
U9	20.5	11.9	ND	0.8	0.9	ND	7.8	10.7	ND	3.4	56.3
U10	ND	11.8	10.5	0.2	0.7	ND	ND	10.5	ND	3.1	37.1
U11	22.2	ND	ND	0.2	0.8	2.6	ND	ND	ND	3.8	29.8
U12	21.2	12.5	10.2	ND	0.8	ND	8.0	ND	ND	3.8	56.7
U13	20.0	12.1	ND	0.3	0.8	ND	8.4	12.0	ND	4.9	58.7
U14	21.3	ND	10.5	ND	ND	ND	7.9	13.3	ND	3.1	56.2
U15	20.2	12.1	ND	0.7	0.8	ND	8.0	9.8	ND	3.5	55.4
U16	19.2	ND	10.6	0.8	1.8	ND	8.2	9.5	ND	3.2	53.6
U17	23.0	12.7	ND	0.2	0.8	ND	ND	12.3	ND	3.7	52.9
U18	18.6	ND	ND	ND	ND	ND	ND	9.7	ND	ND	28.4
U19	18.6	12.4	ND	0.2	0.6	ND	ND	ND	ND	4.1	36.2
U20	19.4	12.0	ND	0.5	0.8	ND	7.9	11.6	ND	3.5	56.1
U21	18.8	ND	ND	0.3	0.8	ND	8.5	10.7	ND	3.3	42.5

3. 嘉兴市冬季地表水抗生素含量(2013 年 1 月)

2013 年 1 月份市区主要河网监控断面兽用抗生素浓度如表 3-2 所示。四大类抗生素在 21 个河网水样品中均有检出,但总浓度差别较大,在 11～205 ng/L。其中,48%的点(U4,U7,U9,U11～U13,U17～U19,U21)抗生素总浓度在 10～50 ng/L,28%的点(U2,U3,U5,U14～U16)抗生素总浓度在 50～100 ng/L,24%的点(U1,U6,U8,U10,U20)抗生素总浓度在 100～205 ng/L。

四环素类抗生素占 13%～94%,浓度为 1.8～165 ng/L;磺胺类抗生素浓度很低,浓度为 0.2～6.1 ng/L;大环内酯类浓度为 2.7～67.5 ng/L;喹诺酮类浓度为 0.5～115.9 ng/L。陆克祥等对黄浦江水中抗生素污染的调查结果显示四环素类浓度为 13.0～56.9 ng/L,结果表明,嘉兴 21 个市区河网监控断面冬季抗生素含量显著偏高。

表 3-2 市区主要河网监控断面 2013 年 1 月的抗生素浓度 ng/L

采样点	四环素类			磺胺类		喹诺酮类			大环内酯类		总量
	CTC	OTC	TC	SMD	SMX	ENR	NOR	CIP	TYL	RTM	
U1	7.8	24.6	1.2	0.7	1.7	0.5	115	0.9	0.7	3.2	155.9
U2	21.5	27.3	2.4	1.5	1.7	1.2	3.3	1.7	1.7	4.0	66.2
U3	13.5	23.4	2.2	1.0	1.1	13.4	4.1	1.8	2.1	7.2	70.0
U4	1.9	13.6	0.3	1.4	1.6	0.5	4.3	0.3	0.8	4.1	28.9
U5	4.6	46.3	1.7	1.0	2.4	0.5	5.6	1.1	0.7	5.9	69.7
U6	41.3	64.7	5.2	0.6	1.3	1.2	20.2	2.6	0.9	2.9	140.9
U7	1.3	ND	0.6	0.3	2.9	1.6	0.1	1.1	1.2	4.4	13.6
U8	164.5	ND	0.6	3.9	2.2	4.0	0.7	ND	25.7	3.7	205.4
U9	2.4	ND	0.1	3.7	2.2	0.1	0.3	0.2	0.9	1.8	11.6
U10	76.9	80.5	7.7	0.9	1.1	0.7	1.1	1.3	2.8	2.4	175.4

续表 3-2

采样点	四环素类			磺胺类		喹诺酮类			大环内酯类		总量
	CTC	OTC	TC	SMD	SMX	ENR	NOR	CIP	TYL	RTM	
U11	3.1	19.6	0.9	0.9	1.0	0.9	0.6	0.8	1.3	3.2	32.2
U12	1.0	11.0	0.6	0.8	0.8	0.2	0.3	1.9	1.5	3.0	21.1
U13	2.8	2.9	1.1	1.1	1.4	0.6	4.4	2.5	1.3	7.3	25.4
U14	7.1	14.5	0.5	0.1	0.1	0.1	3.2	1.7	0.8	66.6	94.7
U15	28.7	37.7	4.5	1.0	0.8	1.4	5.5	0.4	2.1	5.3	87.4
U16	2.8	31.5	0.5	1.4	1.6	1.6	8.7	0.9	0.5	4.0	53.6
U17	7.8	17.5	0.7	1.3	1.2	1.0	1.4	0.2	ND	3.5	34.5
U18	4.7	3.2	0.3	1.0	1.3	0.8	2.6	1.8	ND	4.2	19.9
U19	2.9	5.9	0.0	0.8	1.1	0.8	0.4	2.9	ND	10.2	25.0
U20	33.3	47.2	4.1	0.2	0.3	1.2	12.2	1.0	5.2	7.0	111.7
U21	1.2	5.9	0.2	0.4	0.6	0.7	4.3	2.3	6.4	1.6	23.6

4. 嘉兴市秋季与冬季污染情况的统计比较

表 3-3 列出了抗生素在典型村镇河道断面的不同月份的含量水平。所有的兽用抗生素均有检出，含量在 0.4～20.1 ng/L 和 1.1～26.5 ng/L。其中土霉素 OTC 和大环内酯类在 8 月份的含量是 12 月份的约 10 倍，四环素 TC 和环丙沙星 CIP 在 12 月份的含量是 8 月份的约 2 倍，其余 6 种抗生素在 12 月份和 8 月份没有明显的季节变化。

研究比较了同一个月所采集的典型村镇河道断面和市区主要河网监控断面中兽用抗生素的污染情况，如表 3-4 所示。所有抗生素在农村地表水和市区河网水中的检出率分别为 10%～100%与 1%～90%。乡镇养殖密集区河网断面抗生素浓度显著高于城区主要河网监控断面，表明乡镇养殖污染很可能是引起城市水环境中抗生素污染的重要原因。

表 3-3 秋季与冬季市区主要河网监控断面的抗生素污染状况比较

化合物		秋季市区主要河网监控断面			冬季市区主要河网监控断面		
		检出率*/%	含量范围/(ng/L)	平均值**/(ng/L)	检出率/%	含量范围/(ng/L)	平均值/(ng/L)
四环素	TC	24	ND～10.6	10.4	95	ND～7.7	1.8
	OTC	62	ND ～13.6	12.3	86	ND～80.5	26.5
	CTC	81	ND ～23	20.1	100	1～164.5	20.5
磺胺类	SMD	76	ND～0.8	0.4	100	0.1～3.9	1.1
	SMX	90	ND～1.8	0.9	100	0.1～2.9	1.4
喹诺酮类	ENR	1	ND～2.6	2.6	100	0.1～13.4	1.6
	NOR	57	ND～9.4	8.1	100	0.1～114.5	9.4
	CIP	76	ND～13.3	11.0	95	ND～2.9	1.4
大环内酯类	TYL	0.05	ND ～6.2	6.2	86	ND～25.7	3.1
	RTM	76	ND ～4.9	3.6	100	1.6～66.6	7.4

* 检出率指抗生素含量大于检出限的频率；** 含量低于检出限的点不参加平均值的计算。

表 3-4 秋季村镇河道断面与市区主要河网监控断面的抗生素状况比较

化合物		村镇河道断面			市区主要河网监控断面		
		检出率*/%	含量范围/(ng/L)	平均值**/(ng/L)	检出率/%	含量范围/(ng/L)	平均值/(ng/L)
四环素类	TC	100	10.4～52.1	19.9	24	ND～10.6	10.4
	OTC	100	13.3 ～126	49.4	62	ND ～13.6	12.3
	CTC	100	17.1～76.1	29.7	81	ND ～23	20.1
磺胺类	SMD	90	ND～161	37.1	76	ND～0.8	0.4
	SMX	90	ND～4.2	2.5	90	ND～1.8	0.9

续表 3-4

化合物		村镇河道断面			市区主要河网监控断面		
		检出率*/%	含量范围/(ng/L)	平均值**/(ng/L)	检出率/%	含量范围/(ng/L)	平均值/(ng/L)
喹诺酮类	ENR	10	ND ～1.6	1.6	1	ND ～2.6	2.6
	NOR	70	ND～14.5	12.0	57	ND～9.4	8.1
	CIP	20	ND～8.9	5.3	76	ND～13.3	11.0
大环内酯类	TYL	100	6.2～14.7	8.0	0.05	ND～6.2	6.2
	RTM	100	3.1～10.2	5.7	76	ND～4.9	3.6

* 检出率指抗生素含量大于检出限的频率；** 含量低于检出限的点不参加平均值的计算。

二、嘉兴市蔬菜土壤重金属含量调查

土壤既是自然环境的构成要素，又是农业生产最重要的自然资源。土壤重金属污染是指由于自然和人类活动将重金属加到土壤中，致使土壤中重金属含量明显高于原有含量，并造成生态恶化的现象。近年来，随着人类活动干扰能力加强，土壤环境质量出现恶化现象。近年来，随着农业种植结构的调整，蔬菜产业已经成为农民增收的重要来源。但是，城市化、工业化和农业集约化的发展给蔬菜产地环境带来很大影响，特别是土壤中重金属元素的污染将对蔬菜安全构成严重威胁并制约着蔬菜产业的健康发展。

(一)嘉兴市蔬菜土壤重金属含量调查结果与分析

浙江省嘉兴市农业科学研究院 2008 年针对嘉兴市蔬菜土壤重金属含量进行了调查。以国家土壤环境质量二级限值为标准来评价，则嘉兴市土壤环境质量状况总体良好，土壤中所有测定的元素的单因子污染指数均小于 1，处于安全水平，但从单个样品来说，一些元素的含量已经超过了国家土壤环境质量二级标准，其中超标率最高的是Ni，达到63.8%，其次为Cu，其他的如Zn、Cd等仅有极个别样本超过国家土壤环境质量二级标准限值，As和Pb则没有检测出有超标的土壤样品。而以嘉兴市土壤背景值为标准，则土壤样品中受调查的所有元素的单因子污染指数均超过1.0，达到了轻微污染的水平，其中Pb的超标率最高，达到了97.5%，其次Zn、Cu和Cd，分别达到了72.5%、66.3%和63.8%，而As、Cr和Ni 3种元素的超标率相对较低。这说明，近年来嘉兴土壤已经明显受到了重金属元素的污染，导致了土壤中重金属的显著积累，尤其是Pb、Zn、Cu和Cd 4种元素的积累率最高。可见，Pb、Zn、Cu和Cd的污染是引起嘉兴地区土壤质量下降的主要原因。调查还发现距离城镇工业区和生活区越近的菜园土壤，重金属污染情况相对越严重，由此推算，如不迅速采取有效的防治措施，随着嘉兴地区城镇化空间扩展的推进与土地利用方式的变化，可能会导致新污染区的出现与土壤质量的持续下降，从而对嘉兴市的蔬菜安全生产造成严重的威胁。

(二)导致嘉兴市菜园土壤重金属积累的原因分析

1. 土壤母质

通过对嘉兴市土壤重金属元素的调查分析，以国家土壤环境质量二级标准为限值Ni的超标率最高，这是因为土壤环境质量标准(二级)的值与嘉兴地区的背景值非常接近造成的。该区土壤Ni的变异系数都较小，仅为0.16，且其平均含量与背景值差异不大，这也说明研究区典型蔬菜基地的土壤并未受到Ni的外来污染，调查区Ni的大面积超标主要是因为发育土壤的母质中就含有较高的Ni造成的。

2. 农药和肥料施用

农业集约化程度不断提高，农化产品的过量施用导致一些重金属在土壤中积累。目前嘉兴市耕地每公顷土壤中化肥施用量可达到500～600 kg。蔬菜地中更高，远高于发达国家为防止化肥污染而设置的225 kg的上限。化学磷肥中含有多种重金属元素，长期施用磷肥会使有毒重金属进入土壤。其次，嘉兴市畜禽养殖业相当发达，由于饲料生产中As、Zn、Cu和Cr等重金属元素的大量添加，导致畜禽粪便中重金属元素含量的大大提高。这些畜禽粪便无论是直接施用，还是作为有机肥的生产原料都有可能使土壤中的重金属元素上升。此外，很多农药均含有一定量的重金属如砷和汞，长期使用这些农药势必造成土壤重金属的积累。

3. 三废排放

来自工业、农业、交通以及城市生活多种环境压力下，城市边缘带土壤健康质量明显下降。嘉兴地区工业集中，长期的"三废"排放势必导致农田土壤中重金属的富集。此外，来源于工业生产、汽车尾气排放及汽车轮胎磨损产生的大量含重金属的有害气体和粉尘等，大多数可经自然沉降和雨淋沉降进入土壤，对分布在工矿周围和公路两侧的菜地影响较大，它可能是导致嘉兴市土壤铅显著积累的重要原因之一。

4. 污水灌溉，污泥施肥

由于嘉兴工业化的迅速发展，大量的工业废水涌入河道，其中的重金属离子随着污水灌溉而进入土壤。嘉兴地区的一些菜农前些年一直有施用污泥的习惯，用以平衡土壤酸碱度、降低盐分含量等改善土壤的理化性状。污泥中虽含有大量的有机质和氮、磷、钾等营养元素，但有些污泥重金属含量也相当高，采用污泥施肥，在其供肥的同时也带入了大量的重金属。

三、嘉兴市抗生素抗性基因污染情况调查

抗生素抗性基因作为一种新型污染物，已成为目前国内外关注的焦点之一，其主要原因为医疗行业和养殖行业对于抗生素的

大量使用。为了提高畜牧业生产，兽用抗生素被大量使用在各种养殖业，而长期大量兽用抗生素的使用除了直接污染生态环境外，还可能导致大量抗生素抗性基因的产生。近年来国内学者对ARGs的研究发现，我国广东、河北、新疆、上海等许多地区均存在不同程度的抗生素抗性基因污染。

嘉兴市是长三角最大的生猪养殖基地。随着嘉兴市生猪养殖业转型发展计划的实施，嘉兴市养殖业正逐步向规模化、集约化的健康养殖转型，2015 年 4 月嘉兴市正式成为全国首批试点海绵城市之一，这标志着嘉兴市已进入环保建设的快车道。为此嘉兴职业技术学院 2015 年针对嘉兴市 20 个主要地表水水样和 9 个农田土壤中 2 种磺胺类抗性基因（*sul*1、*sul*2）和 3 种四环素类抗性基因（*tetA*、*tetB* 和 *tetC*）污染情况进行了调查，以期为嘉兴市全面评估其生态环境质量提供理论依据。

（一）样品来源

检测样品来源于嘉兴市 20 个主要地表水水样和 9 个农田土壤，采样点分布如图 3-4 所示。地表水样品采集于距水面 0.5～1.0 m 深处水样，并同步采集底泥样品混合，农田土壤样品采集于土壤深度 20～40 cm 处。每个采样点均采集样品 5 份，并现场均匀混合。样品采集后装在棕色采样瓶中带回，在 4℃ 避光条件下保存待检测。采样时间为 2015 年 8 月。

（二）嘉兴市抗生素抗性基因污染调查结果与分析

1. 嘉兴市地表水的抗生素抗性基因检测结果与分析

本次调查的 5 种抗生素抗性基因全部检出，PCR 电泳图见图 3-5，调查说明嘉兴市整体生态环境已经广泛受到抗生素抗性基因污染。人类活动可以加重抗生素抗性基因污染。由于嘉兴市是浙江省养殖业主产区之一，养殖业相对集中，加之地区人口密度大，工商业发达，这都为嘉兴市抗生素抗性基因污染的形成和扩

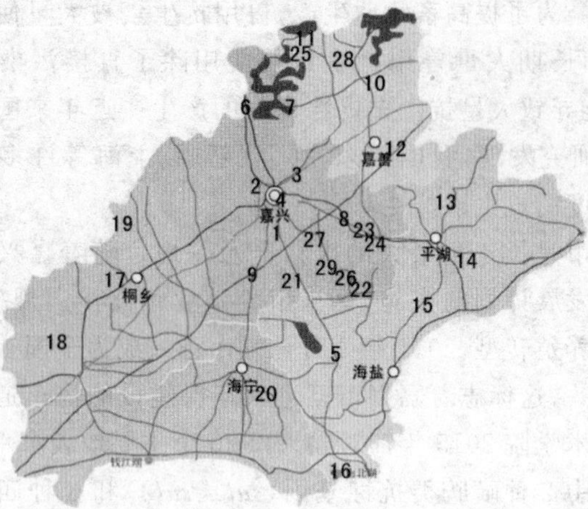

1. 贯泾港；2. 石臼漾；3. 湘江荡；4. 南湖景区；5. 于北村徐家桥港；6. 运河干流王江泾；7. 红旗塘油车港出口；8. 平湖塘焦山门桥；9. 长水塘王店百乐桥；10. 西塘景区；11. 陶庄汾湖；12. 柳洲公园；13. 上海塘东园大桥；14. 乍浦塘乍浦塘桥；15. 海盐塘西塘桥；16. 南北湖景区；17. 京杭运河万年高桥；18. 白荡漾；19. 乌镇景区；20. 长山河五星桥；21. 余新镇明星村；22. 凤桥镇庄史村；23. 新丰镇永丰村；24. 新丰镇竹林村；25. 陶庄镇汾玉村；26. 凤桥镇庄史村；27. 余新镇永利村；28. 西塘镇星建村；29. 凤桥镇三星村(其中 1～20 为地表水水样，21～29 农田土壤)

图 3-4 嘉兴市抗生素抗性基因样品采样点分布图

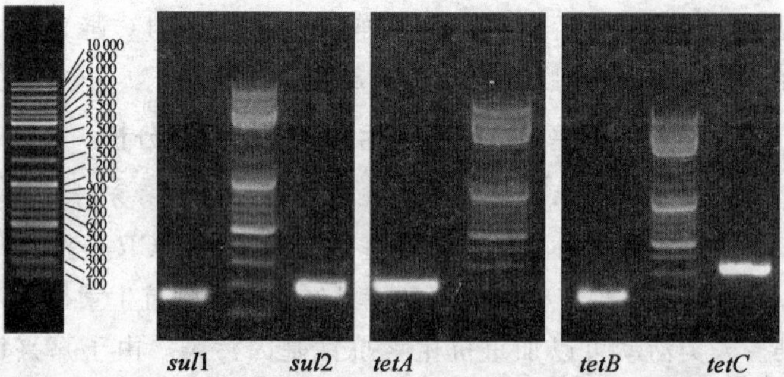

图 3-5 PCR 电泳图

散提供了有利的条件。与有机污染物污染相比，抗生素抗性基因污染一旦形成将更加难以控制和消除，这无疑为嘉兴市水污染治理提出了更高的要求。

本次调查的嘉兴市 20 个主要地表水水样抗生素抗性基因检测结果如表 3-5 所示，从抗生素抗性基因分布范围来看，在嘉兴市 *sul2* 和 *tetC* 基因分布最广，在绝大多数水样中均有检出，检出率分别达到 95%和 90%，而 *tetA* 和 *sul1* 基因检出率分别为 80%和 65%，*tetB* 基因检出率最低仅为 40%。这说明在嘉兴地区，含有 *sul2* 和 *tetC* 基因的宿主菌对各种环境耐受力较强，以致这两种基因较 *tetA*、*sul1* 和 *tetB* 基因在环境中分布更广，其结果与国内其他地区抗生素抗性基因污染报道相近，但不完全一致。

表 3-5 嘉兴市地表水的抗生素抗性基因检测结果

序号	采样点	磺胺类		四环素类		
		sul1	*sul2*	*tetA*	*tetB*	*tetC*
1	贯泾港	+	+	+	−	+
2	石臼漾	−	+	+	+	+
3	湘江荡	+	+	−	−	+
4	南湖景区	−	+	+	−	+
5	于北村徐家桥港	−	+	+	+	+
6	运河干流王江泾	+	+	+	−	+
7	红旗塘油车港出口	+	+	−	+	−
8	平湖塘焦山门桥	+	−	+	−	+
9	长水塘王店百乐桥	+	+	+	+	−
10	西塘景区	+	+	+	−	+
11	陶庄汾湖	−	+	+	−	+
12	柳洲公园	+	+	+	+	+
13	上海塘东园大桥	−	+	+	+	+

续表 3-5

序号	采样点	磺胺类		四环素类		
		*sul*1	*sul*2	*tetA*	*tetB*	*tetC*
14	乍浦塘乍浦塘桥	+	+	+	−	+
15	海盐塘西塘桥	+	+	+	+	+
16	南北湖景区	+	+	+	−	+
17	京杭运河万年高桥	−	+	−	−	+
18	白荡漾	+	+	−	−	+
19	乌镇景区	−	+	+	+	+
20	长山河五星桥	+	+	+	−	+
	检出率/%	65.0	95.0	80.0	40.0	90.0

"+"代表检出,"−"代表未检出。

2. 嘉兴市农田土壤的抗生素抗性基因检测结果与分析

本次调查的 9 个嘉兴市农田土壤抗生素抗性基因检测结果如表 3-6 所示,在长期施用猪粪的农田土壤和未施用猪粪的农田土壤中 5 种抗生素抗性基因均有检出,说明嘉兴市农田土壤抗生素抗性基因污染范围较广泛。长期施用猪粪的农田土壤比未施用猪粪的农田土壤抗生素抗性基因种类显著增加,而本次研究由于样本较少并未出现明显增加趋势。大量研究表明,抗生素抗性基因可以通过食物链由环境转移到人体,因此如何通过严控抗生素使用,防止耐药细菌引发的安全隐患将是下一步研究的重点。

从抗生素抗性基因分布范围来看,在嘉兴市农田土壤中 *sul*2 和 *tetC* 基因分布最广,检出率分别达到 100%和 88.9%,其后依次是 *tetA*、*sul*1 和 *tetB*,检出率分别是 55.6%、55.6%和 44.4%,其结果与嘉兴市地表水的 ARGs 检测结果类似。

表 3-6 嘉兴市农田土壤的抗生素抗性基因检测结果

序号	土壤性质	采样点位置	农产品类型	磺胺类		四环素类		
				*sul*1	*sul*2	*tetA*	*tetB*	*tetC*
1	长期施用猪粪的农田土壤	余新镇明星村	芦笋	−	+	−	−	+
2		凤桥镇庄史村	翠冠梨	+	+	+	+	+
3		新丰镇永丰村	果树	+	+	+	−	+
4		新丰镇竹林村	水稻	+	+	+	+	+
5	未施用猪粪的农田土壤	陶庄镇汾玉村	水稻	−	+	−	−	+
6		凤桥镇庄史村	葡萄	+	+	−	−	+
7		余新镇永利村	水稻	−	+	+	+	+
8		西塘镇星建村	水稻	−	+	+	−	−
9		凤桥镇三星村	水蜜桃	+	+	−	+	+
检出率/%				55.6	100.0	55.6	44.4	88.9

"+"代表检出,"−"代表未检出。

3. 结论与讨论

本次研究可以看出:在嘉兴市地表水和农田土壤中抗生素抗性基因污染范围较大,其中污染以 *sul*2 和 *tetC* 基因分布相对较广,兽用抗生素的污染已成为引发嘉兴市抗生素抗性基因污染主要原因之一。因此,为了防止抗生素抗性基因污染的进一步加剧而造成安全隐患,改善嘉兴市生态环境水平,笔者建议:①地方政府应合理规划嘉兴市养殖业,实现生猪养殖控量限量发展,引导养殖业向生态化、规模化和集约化方向发展。②学习借鉴国外发达国家和地区的经验,从国家层面尽早出台相关法律法规严格控制抗生素在养殖业中的使用。③通过对现有养殖业从业人员技术培训、加大农业专业应用型人才培养力度、出台高学历农业人才就业政策等一系列措施提高养殖业从业人员素质,从而提高现有养殖企业生产技术水平。④建立健全动物性食品全程安全监控体系，探索动物性食品有害物质残留市场准入和检测机制，落实原产地可追溯制度，对于滥用抗生素的生产企业依法进行严惩。⑤加强抗生素替代物相关技术的应用性研究，通过推广抗生素替代物在养殖业中的应用，探索出一条适合现有嘉兴市养殖管理水平的生态养殖技术。⑥加强对嘉兴市水环境中抗生素抗性基因扩散规律、生态风险和控制技术的研究，为实现嘉兴市水污染治理提供技术支撑。

第四章 农产品质量安全认证

第一节 农产品质量安全认证简述

认证是由认证机构证明产品、服务、管理体系符合相关技术规范、相关技术规范的强制性要求或者标准的合格评定活动。简单地说，就是符合一定要求获得某种身份的评定活动。认证的目的是保证产品、服务、管理体系符合特定的要求。认证的主体是认证机构，也就是经国家认证认可监督管理部门批准，并依法取得法人资格，从事批准范围内的合格评定活动的单位（如农业部农产品质量安全中心、中国绿色食品发展中心、中国农机产品质量认证中心）。认证机构与供需双方都不存在行政上的隶属关系和经济上的利害关系，属于第三方性质。认证的合格表示方式是颁发“认证证书”和“认证标志”。

当前，我国安全优质农产品认证主要有无公害农产品认证、绿色食品认证、有机食品认证和农产品地理标志登记 4 种类型，简称“三品一标”。其中，无公害农产品突出安全因素控制；绿色食品既突出安全因素控制，又强调产品品质营养；有机食品注重对影响生态环境因素的控制；农产品地理标志强调产品地域品质。

农产品质量安全认证是促进农业现代化建设的重要技术资源，是推进农业可持续发展的积极措施，是强化现代农业社会化服务体系的创新手段，是实施农产品品牌战略的有效途径。

第二节 无公害农产品认证

一、定义

无公害农产品认证工作是农产品质量安全管理的重要内容。开展无公害农产品认证工作是促进结构调整、推动农业产业化发展、实施农业名牌战略、提升农产品竞争力和扩大出口的重要手段。

二、特点

(1)认证性质　无公害农产品认证执行的是无公害食品标准，认证的对象主要是百姓日常生活中离不开的“菜篮子”和“米袋子”产品。也就是说，无公害农产品认证的目的是保障基本安全，满足大众消费，是政府推动的公益性认证。

(2)认证方式　无公害农产品认证采取产地认定与产品认证相结合的模式，运用了从“农田到餐桌”全过程管理的指导思想，打破了过去农产品质量安全管理分行业、分环节管理的理念，强调以生产过程控制为重点，以产品管理为主线，以市场准入为切入点，以保证最终产品消费安全为基本目标。产地认定主要解决生产环节的质量安全控制问题；产品认证主要解决产品安全和市场准入问题。无公害农产品认证的过程是一个自上而下的农产品质量安全监督管理行为；产地认定是对农业生产过程的检查监督行为，产品认证是对管理成效的确认，包括监督产地环境、投入品使用、生产过程的检查及产品的准入检测等方面。

(3)技术制度　无公害农产品认证推行“标准化生产、投入品监管、关键点控制、安全性保障”的技术制度。从产地环境、生产过程和产品质量三个重点环节控制危害因素，保障农产品的质量安全。

三、申请条件

无公害农产品认证申请主体应当具备国家相关法律法规规定的资质条件，具有组织管理无公害农产品生产和承担责任追溯的能力。从 2009 年 5 月 1 日起，不再受理乡镇人民政府、村民委员会和非生产性的农技推广、科学研究机构的无公害农产品认证申请。

四、产地要求

无公害农产品产地环境必须经有资质的检测机构检测，灌溉用水（畜禽饮用、加工用水）、土壤、大气等符合国家无公害农产品生产环境质量要求，产地周围 3 km 范围内没有污染企业，蔬菜、茶叶、果品等产地应远离交通主干道 100 m 以上；无公害农产品产地应集中连片、产品相对稳定，并具有一定规模。

五、申报范围

无公害农产品认证申报范围，严格限定在农业部公布的《实施无公害农产品认证的产品目录》内。从 2009 年 5 月 1 日起，凡不在《实施无公害农产品认证的产品目录》范围内的无公害农产品认证申请，一律不再受理。

六、进展

在各级农业部门的积极组织和协调下，无公害农产品认证当前已步入了规范、有序、快速发展的轨道，形成了全国“一盘棋”的发展格局。截至2008年年底，全国共认证无公害农产品47 965个，获证单位23 909个，产品总量2.65亿t。其中，种植业认证产品35 389个；畜牧业产品6 065个；渔业产品6 520个。共认定无公害农产品产地44 915个，其中，种植业产地29 871个，面积规模3 905.51万hm^2，占全国耕地总面积的30%。畜牧业产地面9758个，养殖规模39.16亿头(只、羽)；渔业产地5286个，面积267.26万hm^2。

七、流程

根据农业部关于印发《无公害农产品产地认定与产品认证一体化推进实施意见》的通知(农质安发〔2006〕9号)用2年左右的时间，全面实现无公害农产品产地认定与产品认证工作一体化推进(简称一体化推进)，产地认定与产品认证工作机构一体化运作，产地认定产品认证与证后监管同步实施，证书核发与标志使用同步进行的工作目标。我国从2007年开始实行无公害农产品产地认定与产品认证一体化推进。一体化推进从根本上解决了无公害农产品产地认定与产品认证脱节问题，提高了产地认定和产品认证的工作效率，加快了产地认定与产品认证步伐。

农产品认证除具有认证的基本特征外，还具备其自身的特点，这些特点是由农业生产的特点所决定的。

(1)农产品生产周期长、认证的时令性强　农业生产季节性强、生产(生长)周期长，在作物(畜、禽、水产品)生长的一个完整周期中，需要认证机构经常进行检查和监督，以确保农产品生产过程符合认证标准要求。同时，农业生产受气候条件影响较大，气候条件的变化直接对一些危害农产品质量安全的因子产生影响，比如直接影响作物病虫害、动物疫病的发生和变化，进而不断改变生产者对农药、兽药等农业投入品的使用，从而产生农产品质量安全风险。因此，对农产品认证的时令性要求高。

(2)农产品认证的过程长、环节多　农产品生产和消费是一个“从土地到餐桌”的完整过程，要求农产品认证（包括体系认证）遵循全程质量控制的原则，从产地环境条件、生产过程（种植、养殖和加工）到产品包装、运输、销售实行全过程现场认证和管理。

(3)农产品认证的个案差异性大　一方面，农产品认证产品种类繁多，认证的对象既有植物类产品，又有动物类产品，物种差异大，产品质量变化幅度大；另一方面，现阶段我国农业生产分散，组织化和标准化程度较低，农产品质量的一致性较差，且由于农民技术水平和文化素质的差异，生产方式有较大不同。因此，与工业产品认证相比，农产品认证的个案差异较大。

(4)农产品认证的风险评价因素复杂　农业生产的对象是复杂的动植物生命体，具有多变的、非人为控制因素。农产品受遗传及生态环境影响较大，其变化具有内在规律，不以人的意志为转移，产品质量安全控制的方式、方法多样，与工业产品质量安全控制的工艺性、同一性有很大的不同。

(5)农产品认证的地域性特点突出　农业生产地域性差异较大，相同品种的作物，在不同地区受气候、土壤、水质等影响，产品质量也会有很大的差异。因此，保障农产品质量安全采取的技术措施也不尽相同，农产品认证的地域性特点比较突出。

八、材料要求

申请人可以直接向所在县级农产品质量安全工作机构（简称“工作机构”）提出无公害农产品产地认定和产品认证一体化申

请，并提交以下材料：

(1)《无公害农产品产地认定与产品认证申请书》。

(2)国家法律法规规定申请者必须具备的资质证明文件（复印件）（如营业执照、注册商标、卫生许可证等）。

(3)《无公害农产品内检员证书》（复印件）。

(4)无公害农产品生产质量控制措施。

(5)无公害农产品生产操作规程。

(6)符合规定要求的《产地环境检验报告》和《产地环境现状评价报告》或者符合无公害农产品产地要求的《产地环境调查报告》。

(7)符合规定要求的《产品检验报告》。

(8)以农民专业合作经济组织作为主体和“公司＋农户”形式申报的，提交与合作农户签署的含有产品质量安全管理措施的合作协议和农户名册（包括农户名单、地址、种养殖规模）；如果合作社申报材料中填写的是“自产自销型、集中生产管理”，请提供书面证明说明原因，并附上合作社章程以示证明。

(9)大米、茶叶、咸鸭蛋、鲜牛奶等初级加工产品还需提供以下材料：加工技术操作规程；加工卫生许可证复印件或全国工业产品生产许可证复印件；如果是委托加工的，需提供委托加工协议和受委托方的加工卫生许可证复印件或全国工业产品生产许可证复印件。

(10)水产类需要提供产地环境现状说明、区域分布图和所使用的渔药外包装标签。

(11)无公害农产品产地认定与产品认证现场检查报告。

(12)无公害农产品产地认定与产品认证报告。

(13)规定提交的其他相应材料。

九、工作流程

(1)县(区)级工作　县(区)级工作机构自收到申请之日起 10 个工作日内,负责完成对申请人申请材料的形式审查。符合要求的,在《无公害农产品产地认定与产品认证报告》(以下简称《认证报告》)签署推荐意见,区级连同申请材料报送地级工作机构,县级直接报送省级工作机构审查。不符合要求的,书面通知申请人整改、补充材料。

(2)地级工作　地级工作机构自收到申请材料、区级工作机构推荐意见之日起 15 个工作日内,对全套申请材料进行符合性审查,符合要求的,在《认证报告》上签署审查意见报送省级工作机构。不符合要求的,书面告之区级工作机构通知申请人整改、补充材料。

(3)省级工作　省级工作机构自收到申请材料及县、地两级工作机构推荐、审查意见之日起 20 个工作日内,应当组织或者委托地县两级有资质的检查员按照《无公害农产品认证现场检查工作程序》进行现场检查,完成对整个认证申请的初审,并在《认证报告》上提出初审意见。通过初审的,报请省级农业行政主管部门颁发《无公害农产品产地认定证书》,同时将申请材料、《认证报告》和《无公害农产品产地认定与产品认证现场检查报告》及时报送部直各业务对口分中心复审。未通过初审的,书面告之地、县级工作机构通知申请人整改、补充材料。

(4)农业部农产品质量安全中心　农产品质量安全中心对材料审核、现场检查(限于需要对现场进行检查时)和产品检测结果符合要求的,自收到现场检查报告和产品检测报告之日起,30 个工作日内颁发无公害农产品认证证书。不符合要求的,应当书面通知申请人。

无公害农产品认证证书有效期为 3 年。期满需要继续使用的,应当在有效期满 90 日前按照无公害农产品复查换证的要求,进行复查换证。

第三节 绿色食品认证

一、认证申请

申请人向中国绿色食品发展中心(以下简称中心)及其所在省(自治区、直辖市)绿色食品办公室、绿色食品发展中心(以下简称省绿办)领取《绿色食品标志使用申请书》《企业及生产情况调查表》及有关资料,或从中心网站下载。

二、受理及文审

(1)省绿办收到上述申请材料后,进行登记、编号,5 个工作日内完成对申请认证材料的审查工作,并向申请人发出《文审意见通知单》,同时抄送中心认证处。

(2)申请认证材料不齐全的,要求申请人收到《文审意见通知单》后 10 个工作日提交补充材料。

(3)申请认证材料不合格的,通知申请人本生长周期不再受理其申请。

(4)申请认证材料合格的,执行第 3 条。

三、现场检查、产品抽样

(1)省绿办应在《文审意见通知单》中明确现场检查计划,并在计划得到申请人确认后委派 2 名或 2 名以上检查员进行现场检查。

(2)检查员根据《绿色食品检查员工作手册》和《绿色食品产地环境质量现状调查技术规范》中规定的有关项目进行逐项检

查。每位检查员单独填写现场检查表和检查意见。现场检查和环境质量现状调查工作在5个工作日内完成，完成后5个工作日内向省绿办递交现场检查评估报告和环境质量现状调查报告及有关调查资料。

(3)现场检查合格，可以安排产品抽样。凡申请人提供了近一年内绿色食品定点产品监测机构出具的产品质量检测报告，并经检查员确认，符合绿色食品产品检测项目和质量要求的，免产品抽样检测。

现场检查合格，需要抽样检测的产品安排产品抽样：

①当时可以抽到适抽产品的，检查员依据《绿色食品产品抽样技术规范》进行产品抽样，并填写《绿色食品产品抽样单》，同时将抽样单抄送中心认证处。特殊产品(如动物性产品等)另行规定。

②当时无适抽产品的，检查员与申请人当场确定抽样计划，同时将抽样计划抄送中心认证处。

③申请人将样品、产品执行标准，《绿色食品产品抽样单》和检测费寄送绿色食品定点产品监测机构。

④现场检查不合格，不安排产品抽样。

四、环境监测

(1)绿色食品产地环境质量现状调查由检查员在现场检查时同步完成。

(2)经调查确认，产地环境质量符合《绿色食品　产地环境质量现状调查技术规范》规定的免测条件，免做环境监测。

(3)根据《绿色食品　产地环境质量现状调查技术规范》的有关规定，经调查确认，必要进行环境监测的，省绿办自收到调查报告2个工作日内以书面形式通知绿色食品定点环境监测机构进行环境监测，同时将通知单抄送中心认证处。

(4)定点环境监测机构收到通知单后,40 个工作日内出具环境监测报告,连同填写的《绿色食品环境监测情况表》,直接报送中心认证处,同时抄送省绿办。

五、产品检测

绿色食品定点产品监测机构自收到样品、产品执行标准、《绿色食品产品抽样单》、检测费后,20 个工作日内完成检测工作,出具产品检测报告,连同填写的《绿色食品产品检测情况表》,报送中心认证处,同时抄送省绿办。

六、认证审核

(1)省绿办收到检查员现场检查评估报告和环境质量现状调查报告后,3 个工作日内签署审查意见,并将认证申请材料、检查员现场检查评估报告、环境质量现状调查报告及《省绿办绿色食品认证情况表》等材料报送中心认证处。

(2)中心认证处收到省绿办报送材料、环境监测报告、产品检测报告及申请人直接寄送的《申请绿色食品认证基本情况调查表》后,进行登记、编号,在确认收到最后一份材料后 2 个工作日内下发受理通知书,书面通知申请人,并抄送省绿办。

(3)中心认证处组织审查人员及有关专家对上述材料进行审核,20 个工作日内作出审核结论。

(4)审核结论为“有疑问,需现场检查”的,中心认证处在 2 个工作日内完成现场检查计划,书面通知申请人,并抄送省绿办。得到申请人确认后,5 个工作日内派检查员再次进行现场检查。

(5)审核结论为“材料不完整或需要补充说明”的,中心认证处向申请人发送《绿色食品认证审核通知单》,同时抄送省绿办。申请人需在 20 个工作日内将补充材料报送中心认证处,并抄送省绿办。

(6)审核结论为“合格”或“不合格”的,中心认证处将认证材料、认证审核意见报送绿色食品评审委员会。

七、认证评审

(1)绿色食品评审委员会自收到认证材料、认证处审核意见后10个工作日内进行全面评审,并作出认证终审结论。

(2)认证终审结论分为两种情况:认证合格;认证不合格。

(3)结论为“认证合格”,执行第8条。

(4)结论为“认证不合格”,评审委员会秘书处在作出终审结论2个工作日内,将《认证结论通知单》发送申请人,并抄送省绿办。本生产周期不再受理其申请。

八、颁证

(1)中心在5个工作日内将办证的有关文件寄送“认证合格”申请人,并抄送省绿办。申请人在60个工作日内与中心签订《绿色食品标志商标使用许可合同》。

(2)中心主任签发证书。

第四节 有机产品认证

一、有机产品特征

不使用人工合成物质如化学农药、化肥、生长调节剂、饲料添加剂等;生产遵循自然规律,与自然保持和谐一致,采用一系列与生态和环境友好的技术,维持一种可持续稳定发展的农业生产过程;不采用基因工程获得的生物及其产物。

二、有机产品简介

简单地说，有机产品就是通过有机农业生产体系生产出来的产品。有机产品的涵盖面非常广，主要包括：①有机食品-主要指可食用的初级农产品和加工食品，如粮食、蔬菜、水果、奶制品、畜禽产品、水产品、饮料和调料等；②有机农业生产资料，如有机肥料、生物农药等；此外，还有有机化妆品、纺织品、林产品等，统称为有机产品。

有机产品中占绝大多数的是有机食品，有机食品是生产加工过程中不使用农药、化肥、激素等人工合成物质的环保型安全食品。它与绿色食品和无公害食品共同组成我国的安全食品。

我国政府关于《全面推进"无公害食品行动计划"的实施意见》中指出，从 2002 年开始，在全国范围内全面推进"无公害食品行动计划"，力争用 5 年左右的时间，基本实现食用农产品无公害生产，保障消费安全。有条件的地方和企业，应积极发展绿色和有机食品。

三、有机产品要求

(1)原料来自有机农业生产体系；

(2)加工、包装、运输、贮存、销售过程中不受污染；

(3)完善的质量控制和跟踪审查体系；

(4)生产过程中对生态破坏和环境污染最小；

(5)独立的认证机构认证。

四、有机产品认证机构

1.国内机构

所有经过国家认证认可监督管理委员会批准的有机产品认证机构目录：

- ■ 中国质量认证中心
- ■ 方圆标志认证集团有限公司
- ■ 北京中合金诺认证中心
- ■ 上海质量体系审核中心
- ■ 广东中鉴认证有限责任公司
- ■ 浙江公信认证有限公司(原浙江质量体系审核中心)
- ■ 杭州万泰认证有限公司
- ■ 北京中安质环认证中心
- ■ 中食恒信(北京)质量认证中心有限公司
- ■ 黑龙江省农产品质量认证中心
- ■ 北京中绿华夏有机食品认证中心
- ■ 中环联合(北京)认证中心有限公司
- ■ 杭州中农质量认证中心
- ■ 北京五洲恒通认证有限公司
- ■ 辽宁方园有机食品认证有限公司
- ■ 黑龙江绿环有机食品认证有限公司
- ■ 辽宁辽环认证中心
- ■ 北京五岳华夏管理技术中心
- ■ 新疆生产建设兵团环境保护科学研究所
- ■ 西北农林科技大学认证中心
- ■ 南京国环有机产品认证中心
- ■ 北京东方嘉禾认证有限责任公司

2. 国外机构

- ■ 英国土壤协会(Soil Association)
- ■ 德国天然有机认证 BDIH
- ■ 澳大利亚有机农场联盟(Biological Farmers of Australia)
- ■ 新西兰天然有机协会(Natural Organic Association New

Zealand)

■ 欧盟 ECOCERT 有机认证

五、有机产品生产要求

生产基地在近 3 年内未使用过农药、化肥等禁用物质；种子或种苗未经基因工程技术改造过；生产基地应建立长期的土地培肥、植物保护、作物轮作和畜禽养殖计划；生产基地无水土流失、风蚀及其他环境问题；作物在收获、清洁、干燥、贮存和运输过程中应避免污染；在生产和流通过程中，必须有完善的质量控制和跟踪审查体系，并有完整的生产和销售记录档案。

六、有机产品加工要求

原料来自获得有机认证的产品和野生（天然）产品；获得有机认证的原料在最终产品中所占的比例不少于 95%；只允许使用天然的调料、色素和香料等辅助原料和有机认证标准中允许使用的物质，不允许使用人工合成的添加剂；有机产品在生产、加工、贮存和运输的过程中应避免污染；加工和贸易全过程必须有完整的档案记录，包括相应的票据。

七、有机产品优点

用自然、生态平衡的方法从事农业生产和管理，保护环境，满足人类需求，实现可持续发展；顺应国际市场潮流，扩大有机农业生产及有机产品出口，提高产品市场竞争力；满足国内“绿色”、“环保”的消费需求；保护生产者，特别是通过有机产品的增值来提高生产者的收益，同时有机认证是消费者可以信赖的重要证明。

第五节　农产品地理标志登记保护

一、定义

根据《农产品地理标志管理办法》规定，农业部负责全国农产品地理标志的登记工作，农业部农产品质量安全中心负责农产品地理标志登记的审查和专家评审工作。省级人民政府农业行政主管部门负责本行政区域内农产品地理标志登记申请的受理和初审工作。农业部设立的农产品地理标志登记专家评审委员会，负责专家评审。

二、使用范围

农产品地理标志标示农产品来源于特定地域，产品品质和相关特征主要取决于自然生态环境和历史人文因素，并以地域名称冠名的特有农产品标志。此处所称的农产品是指来源于农业的初级产品，即在农业活动中获得的植物、动物、微生物及其产品。

三、登记申请提交材料

(1)登记申请书；

(2)申请人资质证明；

(3)农产品地理标志产品品质鉴定报告；

(4)质量控制技术规范；

(5)地域范围确定性文件和生产地域分布图；

(6)产品实物样品或者样品图片；

(7)其他必要的说明性或者证明性材料。

四、保护制度

我国2002年12月修改的《农业法》第二十三条规定："符合规定产地及生产规范要求的农产品可以依照有关法律或者行政法规的规定申请使用农产品地理标志。"这是除了《商标法》之外提到地理标志的另一部法律。由于人们对地理标志的认识都基于知识产权保护的原理，另外质检机关又多年来一直进行相关的工作，因此在理解《农业法》上述规定时一般会以为"有关法律或行政法规"应当是《商标法》或《地理标志产品保护规定》。

但是，因为目前我国的地理标志产品几乎都是农产品，而农业部门直接面对着多年来因前述工商、质检两套体系在农产品地理标志的申请注册和使用监管方面的缺漏而造成的农业生产经营者的困惑甚至抱怨。

因此，凭着在农业管理的过程中对某地域特定产品的特殊品质、产品地域范围的划定、生产过程的监控等都比较熟悉和便利的优势，农业部门认为由其来执行农产品地理标识的认证和管理工作效率相对高、引起纷争较少。正因为此，农业部于2007年12月发布了《农产品地理标志管理办法》，并随后开始接受申请并颁发了若干农业部的"农产品地理标志"专用标识。根据此办法，农产品地理标志登记申请人为县级以上地方人民政府根据具体条件择优确定的农民专业合作经济组织、行业协会等组织，这一点与质检部门接受的申请人条件类似；但不同的是农业部的程序要求的是实质性的经过评审和异议的审查，这一点又与商标的审查过程相似。因此可以说，农业部门目前是想运用自己在农业管理方面的优势，尝试着建立一套关于农产品地理标志保护的体系，以克服工商、质检部门两套体系的不足。

然而，和质检部门一样，农业部门尽管可以根据自己的部门规章对某一农产品进行检测评判并准许使用某种专用的标识（即农产品地理标志),但由于缺乏法律层次上的依据,执法方面存在着很大的障碍。

五、我国农产品质量安全认证的发展现状

我国农业进入新的发展阶段以后,为了全面提高农产品质量安全水平,农业部启动了“无公害食品行动计划”,提出力争用5年左右的时间,基本实现食用农产品无公害生产,保障消费安全,大力发展无公害农产品和绿色食品,因地制宜地发展有机食品。通过几年的努力,我国农产品质量安全认证体系建设取得了重要进展,作为农产品质量安全认证三种基本形式的无公害农产品、绿色食品和有机食品获得了快速、健康的发展。

第五章

我国农产品质量安全现状及问题

第一节　我国农产品质量安全的现状

一、农产品数量稳步增长

中国有句古话“民以食为天”。食物问题，始终是关系国计民生的大问题，是国家经济发展和社会稳定的基础。中国是世界上人口最多的国家，解决食物供给具有特别重要的意义。中国是一个农产品生产和消费大国，中国政府历来十分重视农产品质量安全问题，并把它作为一项事关人民安康、社会稳定和经济发展的大事来抓。改革开放 30 多年来，我国的农村和农业经济发展进入了新阶段，人民生活由总体达到小康水平向全面小康社会建设的发展阶段迈进，农产品数量安全的问题基本解决，人们的农产品消费观念由传统的以消费粮食为主向以植物性农产品与动物性农产品合理搭配的现代消费观念转变。

新中国成立以来，特别是中国实行改革开放政策的 30 多年以来，中国政府采取了一系列有利于农业和农村经济发展的政策和措施，中国的农业和农村经济发生了巨大的变化，成功创造了仅占世界15%的粮食作物播种面积生产出世界粮食总量21%的粮食，以占世界7%的耕地面积养活了占世界22%人口的辉煌成就。进入21世纪后，中国主要农产品总产量持续增长，谷物、水果、肉类、禽蛋、水产品等食用农产品总产量位居世界第一。粮食基本稳定在4 500亿 kg以上，人均粮食占有量超过360 kg。在粮食生产发展的同时，油料、糖料、水果、蔬菜、畜牧、渔业生产也迅速发展。随着中国农业连年丰产丰收，中国粮食和其他实用农产品实现了由长期短缺到总量基本平衡、丰年有余的历史性转变。

二、农产品质量逐步提高

中国政府在解决农产品数量安全的同时，也着力解决农产品质量安全问题。早在1992年，中国政府就作出了大力发展高产优质高效农业的决定。经过20多年的努力，我国农产品质量安全水平有了明显的提高。

(1)粮油产品　优质稻米发展迅速，按中国国家行业标准判定，优等品率已达到25%以上；优质专用小麦种植面积已占小麦总种植面积的20%以上；“双低”油菜在长江中下游地区大面积种植，占油菜总面积的45%以上。

(2)“菜篮子”产品　蔬菜种类丰富，精细菜实现了周年均衡供应，主要蔬菜产品中的农药残留和有毒有害物质超标率得到了有效控制。精瘦猪肉、中高档牛羊肉、特种畜产品和名特优水产品等逐渐成为城市居民的日常消费食品，良种鸡肉、鸡蛋基本实现了良种化繁育、专业化生产，鲜活水产品和加工产品的质量安全水平有了较大的提高。

(3)果茶产品　果品花色品种增多，优质水果比例明显提高，优等品率超过1/3，果品包装上市率大幅度增加，中国的果品基本实现了周年均衡供给。名优茶生产快速发展，已占中国茶叶总量的20%以上。

第二节　我国农产品质量安全存在的问题

一、农产品质量安全问题的特点

（一）农产品质量安全的不可控性

农业生产的最基本特征是自然再生产与经济再生产的有机交织，农业生产的对象是有生命的动植物和微生物，其生长发育离不开特定的土地、温、光、水、热、气等环境和条件，同时，农业生产受自然环境的影响较大，具有周期性和较强的季节性，因此，农产品生产过程首先是复杂的生命活动过程。这些特点就决定了影响农产品质量的要素很复杂，不同的品种，同一品种不同的生长环境，同一品种、同一生长环境而采取不同的栽培与饲养措施，其农产品的质量和安全品质都是不一样的。因此，与工业品相比，农产品的质量安全具有不可控性。

（二）农产品质量安全的全程性

从“农田到餐桌”，涉及农产品生产、加工、流通到消费的各个环节，环节诸多。由于农产品具有鲜活性，不耐贮藏和运输，易受微生物污染，每个环节都存在不安全的因素。同时，不同的产品如大米、叶菜和猪肉，其供应链模式也不一样，而这些最后都会直接影响到农产品质量的安全性，因此，与工业品相比，农产品质量安全具有全程性。农产品质量安全是一项共同责任，从农田到餐桌的每个环节都必须对农产品质量安全负责。

（三）农产品质量安全的相对性与动态性

农产品质量安全是相对的，是基于一定的科学基础的，以科学的风险分析为基准，在特定的阶段，相对于一定的科技水平，农产品质量是安全的。另外，随着时间、地点和消费群体的不同，也存在着不同的安全和不安全的标准，食品安全与否一定程度上取决于消费者的主观评价。同时，农产品质量安全又是动态的，随着现代科学技术水平的不断提高，原来被认为是安全的东西也会变成不安全，一些高新技术的发展也会带来新的食品安全问题，如利用转基因技术所生产的转基因农产品其安全性也有待于进一步研究。因此，农产品质量安全也是不断发展的，又具有动态性，永远在安全和不安全之间寻求一个动态平衡点。

(四)农产品质量安全的后验性

根据消费者获得商品信息的途径，尼尔逊等将商品分为3类：搜寻品、经验品和信用品。搜寻品是指购买前消费者已掌握充分的信息；经验品是指只有购买后才能判断其质量的商品；信用品是指购买后也不能判断其品质的商品。按此分类，农产品安全要素的品质特性既是经验品（如产品的鲜嫩程度、汁的多寡、香味口感、味道等方面的特征），又是信用品（如产品中是否存在抗生素、激素、农药残留等其量的方面特征）。这就决定了有一些农产品质量安全的品质需经消费后才能体验到，而且不同的人感觉不一样，同时有一些农产品质量安全的品质，即使消费后也不能感觉到其品质的好坏，农产品质量安全具有典型的后验性。

(五)农产品质量安全的信息不对称性

由于农产品同时具有经验品和信任品这一品质特性，决定了农产品市场存在着生产者和消费者的信息不对称现象，表现为生产者对农产品质量安全方面的信息的了解，如生产安全农产品时使用什么品种、施用什么肥料和农药等，相对于消费者来说信息要多得多；消费者由于自身认识水平和手段的局限性，不能对产品的品质有一个全面的认识，或者说要付出较高的成本才能获得产品品质信息。同时，由于农业生产过程是自然再生产过程，其生命过程十分复杂，加上生产者的素质相对比较低，实际上生产者对农产品质量安全信息的了解也是不充分的，如使用某种化肥和农药后对农产品质量安全究竟有何具体影响，土壤中重金属含量超标与否等。

二、中国农产品质量安全存在的主要问题与面临的主要矛盾

(一)存在的主要问题

受经济、社会、科技等多方面因素的影响，当前中国农产品质量安全中还存在一些不可忽视的问题，农产品质量安全总体水平与国外相比仍存在很大差距。主要表现在：

(1)从管理上看　多头管理，职能交叉与缺位同在；法律法规不健全。

(2)从技术上看　农产品质量标准体系、认证体系不健全，与国际不接轨；技术水平总体不高，研发能力不强，成果转化慢，尚不能完全支撑农产品质量安全。

(3)从经济上看　老百姓食品安全意识总体不强，消费水平仍偏低；市场体系不健全，市场发育总体水平不高。

(二)面临的主要矛盾

(1)一家一户的小生产与农产品质量管理之间的矛盾　一家一户的小生产不利于采用与现代农业生产相适应的农业标准化技术、良好操作规范(GAP)技术等农产品质量管理有关的技术规范。此外，农业龙头企业发育滞后，大部分农产品以初级产品的形式进入市场，农产品品种、品质、品牌无从体现，小规模生产方式与低水平产业化经营大大制约了中国农产品质量安全水平的进一步提高。

(2)传统的农产品流通方式与建立农产品质量安全可追溯制度之间的矛盾　农产品种类复杂、生产分散,市场集中度低,可追溯性差,一旦发生质量安全问题,很难查找具体发生在哪个环节和发生的具体原因。

(3)优质安全农产品生产成本提高与难以实现优质优价之间的矛盾　由于受技术、生产规模实行优质优价,优质安全农产品生产才能正常进行。但客观上由于农产品市场发育不全、农产品市场信息不对称等原因,往往优质难以优价。

(4)对以科学风险分析为主的科技需求高与科技成果供给不足的矛盾　食品安全是建立在科学风险分析基础之上的,中国尚未建立起与食品安全管理要求相适应的以科学风险分析为基础的食品安全技术体系,突出表现为食品安全生产和检测技术及设备比较落后、标准体系不健全。

(5)地方保护主义与食品安全统一大市场的矛盾　食品安全监管要求以统一的开放的大市场为前提,但长期以来由于受旧的计划经济体制和商品经济不发达的影响,市场发育不全,地区之间封锁和部门之间分割现象仍比较严重,食品安全监管仍受到地方保护主义的干扰。

三、农产品质量安全管理的政府调控与市场调节

农产品是日常食品最主要也是最为重要的来源,其质量的安全与否直接关系着食品的质量安全。农产品质量安全涉及卫生保健、环境保护和社会稳定等诸多内容。在卫生保健方面,要保证所提供给消费者的食品要符合安全卫生的要求在环境保护方面,要确保为生产者生产优质安全食品提供良好的生态环境和条件;在社会稳定方面,要快速处理食品安全的重大突发事件。而这些都需要发挥政府的宏观调控作用,身负维护公共安全职责的

政府自然应加强对农产品质量安全的管理。

由于产品的质量水平与生产成本密切相关,优质产品的生产成本总是高于劣质产品的生产成本,如果优质产品和劣质产品同价,生产优质产品的农户就吃亏,而生产劣质产品的农户则占了便宜。这样,一个理性的生产者就不会自觉生产优质产品,从而造成市场上的产品质量不断下降,最终劣质产品就会将优质产品赶出市场。

食品是一种特殊的商品,安全食品是一种更符合市场需求的优质商品,安全食品的生产需要以安全的农产品作为基础和保障。优质优价,消费者必须付出比一般产品更高的价格才能获得产品。当然在市场机制不完善的情况下,优质不优价,这时消费者可能只需花较少的钱也能取得优质安全农产品品的消费,反过来,这又从另一方面进一步提出了需要政府加强对市场的监管。因此,农产品质量安全管理中政府调控与市场调节两者密不可分,不可或缺,但各自的职责和作用不一样。在农产品质量安全管理中,政府的主要宏观调控作用是:①制定农产品质量安全相关的法律、法规与政策;②制定农产品质量安全标准;③加强农业生态环境保护,改善和建立农产品质量安全生产环境;④加强农产品质量安全市场监管和执法,努力营造公平竞争的市场环境;⑤加强农产品质量安全技术的科研与开发,为农产品质量安全提供技术支撑。

市场调节作用主要体现为:在政府加强农产品质量安全调控的基础上,通过竞争机制和价格机制达到优质优价并将不安全农产品逐出市场,以引导安全农产品的生产和消费的目的。为此,在农产品质量安全管理实际工作中,必须将政府宏观调控与市场调节有机结合起来,以培育一种在政府加强农产品质量安全宏观调控下的市场调节新机制。

四、解决中国农产品质量安全问题的对策和建议

(一)加强农产品质量安全知识的宣传教育

提高广大农业生产者的对农产品质量安全重要性的认识，增强农业生产者的农产品质量安全责任意识；编印有关农产品质量安全法律法规、标准、检测、认证以及有关政策等方面的宣传手册；普及农产品质量安全方面的技术，如农药、化肥等农业投入品等方面的使用知识，提高农民使用生产优质安全农产品技术的能力和水平。

(二)加强政府规制，充分发挥市场在农产品质量安全中的基础调节作用

建立和完善农产品质量安全方面的法律法规体系，认真贯彻落实法可依；跟踪国际，立足国情，尽快建立和完善农产品质量安全标准体系、检测体系和认证体系；培育和完善农产品市场体系，充分发挥大型批发市场和超市在农产品质量安全方面的控制作用，加强市场准入和市场监管的力度，加强优质安全农产品标签管理，打击假冒伪劣产品；理顺农产品质量安全工作的管理体制，建立责任分工明确、相互配合、管理有序的农产品质量安全管理体制；制定鼓励发展优质安全农产品生产的产业政策和措施，实行财政补贴和税收扶持政策；加大对农产品质量安全方面的投入，集中用于科研、检测、信息系统建设，环境建设等方面的支出；建立农产品质量安全方面的定期信息发布制度。

(三)加强农产品质量安全信息管理系统的建设

结合农产品质量安全的特点，加强农产品质量安全可追溯系统建设；按照农产品质量安全全程管理的要求，加强农产品质量安全信息共享平台的建设；加强农产品质量安全的预警体系的建设；加强农产品质量安全应急反应系统建设，提高处理重大突发

农产品质量安全事件的能力。

(四)加强农产品质量安全技术的研究与开发以及成果的示范推广

适应农产品质量安全管理的要求,调整农业科技发展的方向和重点;整合资源,集中力量,攻克一批农产品质量安全方面的关键和共性技术,建立适合中国国情的基于科学的农产品质量安全风险分析体系,为农产品质量安全提供有力的技术支撑;加强农产品质量安人才培养,建立一支高素质的农产品质量安全方面的人才队伍;加强农产品质量安全研究方面的国际合作与交流;创新机制,以企业为主体,加大农产品质量安全方面的技术示范推广;加强农产品质量安全研发方面的公共服务平台建设。

(五)加强农产品质量安全管理的组织创新

加强农业中介组织建设,提高农民的组织化程度,组织农民按标准生产,创建农产品品牌,彻底改变长期以来中国农业生产无标准生产的状况,构建符合中国特色的农产品质量安全管理模式;加强产销结合,建立超市(流通企业)和生产企业之间的稳定的合同关系,将农产品质量安全纳入合同之中,降低契约成本。

第三节　农产品质量安全检验检测技术现状

一、我国农产品质量检测发展现况

(一)成立管理部门,加强监督力度

自新中国成立以来,我国政府陆续成立了有关农业、卫生、质量监管等多个管理部门,这些部门共同协作、共同管理农产品的产出和经营,并取得了一定的成效。与此同时,政府还采取技术措施加强对农业投入产品、产地周围环境以及农产品本身的监测

力度，通过专业合作社等多种方式加大对农产品生产者在安全技术上的指导。

(二)检测体系逐渐加强

检测技术在整个农产品质量安全保障体系中，起到至关重要的作用，无论是农产品的生产还是经营，都离不开检测检验这一重要技术手段。为尽量保证农产品的质量安全，有的技术中心甚至配备有快速监测车用以检测残留农药，实现流动检测。

(三)产品种类逐年增多，制定产品认证制

对农产品施行质量安全认证措施，不仅可以约束生产者的不良行为，督促生产者安全生产；还可以帮助购买者降低选择成本，让更多的消费者了解农产品安全，从而从正面促进消费者消费。我国早期的农产品认证种类少、数量小，经过多年努力农产品市场出现了各种无公害绿色食品以及有机农产品，农产品产地认证的种类和规模随之扩大。

二、农产品市场普遍存在的问题

(一)农产品中化学药品残余量超标

农产品中的药物残留主要是指化学药剂、激素和保鲜剂等农用药物出现了超标使用和违规使用的现象，这是威胁农产品质量安全的主要来源。近年来，“毒豆芽”、“毒大米”等多起农药中毒事件引起了社会对食品安全的担忧。农产品中药物超标既会影响农产品的正常交易，也会威胁人和动物的自身安全，破坏生态环境，各个国家对进口农产品的药物残留限制标准因此越来越高。

(二)掺杂掺假

科学技术给社会带来便利的同时也给投机钻营的不法分子带来新的谋利渠道，如众所周知的三聚氰胺奶粉事件、生产销售

假酒事件、地沟油事件等无不危害到人民群众的健康安全,这些不法商贩为了得到巨大利益,完全置法律于身外。

(三)转基因成分

自基因技术出现,转基因工程一度受到追捧,有人将其称为发展农业的新变革,但是我们却忽略了它的负面影响,必须注意到国际上对于转基因食品一直抱有怀疑态度,目前仍无官方的消息肯定转基因食品的安全性。虽然一部分人还不愿意承认转基因食品,但转基因食品已充斥饮食的各方面。人们无法预测转基因技术是否会有灾难性后果,但无疑这种后果是不可逆转的。

(四)缺乏专业检测人员

从检测机构的各类人员组成可看到,普遍存在安全检测技术人员短缺的问题。虽然各市(县)农产品质量检测机构人员配备比例较高,但总体人数还远不够,现有的在岗员工从事管理工作的较多,少有专业对口的技术员,大多数检测机构普遍存在检测和管理人员混用现象。

三、充分利用农产品质量安全与检测技术

(一)检测农产品中农药残留的技术

提高农产品中农药残留的检测水平是保证农产品质量安全的关键环节。检测农药残留的检测技术对仪器有很高的要求,尤其是检测仪器须要有高灵敏度且高检测效率。目前,各检测中心常用的检测技术有液相色谱技术、气相色谱技术等,此类方法具有检测速度快、灵敏度高等优势,且适用范围广,可以对农产品中的农药残留进行定量和定性的检测。

(二)快速免疫分析检测法

快速免疫分析检测技术也是食品安全检测体系中的主要技术措施之一,目前免疫检测已成为食品安全监管中的主要应用技

术，未来便携式、高集成化的快速检验装备是食品安全快速检测技术研发的重点对象，以芯片为核心技术的新型高通量快速检测技术将会引领食品安全检测技术走向更高水平。

（三）农产品储存过程中的检测技术

不同的农产品有着不同的贮藏要求，如果保存方式不恰当，容易出现产品变腐变质等现象，导致食源性或失误中毒现象。因此，对农产品保存质量的检测显得尤为重要。目前，某些大型企业使用的红外线分析仪可以很好地解决这一难题。

农业是其他行业发展的物质基础，要充分利用农业资源优势，就必需改善农产品质量安全检测条件，提高检测水平，全面开展农产品质量安全检测工作，努力建设成为设备优良、检测技术水平较高的农产品质量安全检测系统，保证农产品质量安全，提高农产品的市场竞争力。

附 录

附录一　中华人民共和国农产品质量安全法

第一章　总则

第一条　为保障农产品质量安全，维护公众健康，促进农业和农村经济发展，制定本法。

第二条　本法所称农产品，是指来源于农业的初级产品，即在农业活动中获得的植物、动物、微生物及其产品。

本法所称农产品质量安全，是指农产品质量符合保障人的健康、安全的要求。

第三条　县级以上人民政府农业行政主管部门负责农产品质量安全的监督管理工作；县级以上人民政府有关部门按照职责分工，负责农产品质量安全的有关工作。

第四条　县级以上人民政府应当将农产品质量安全管理工作纳入本级国民经济和社会发展规划，并安排农产品质量安全经费，用于开展农产品质量安全工作。

第五条　县级以上地方人民政府统一领导、协调本行政区域内的农产品质量安全工作，并采取措施，建立健全农产品质量安全服务体系，提高农产品质量安全水平。

第六条　国务院农业行政主管部门应当设立由有关方面专家组成的农产品质量安全风险评估专家委员会，对可能影响农产品质量安全的潜在危害进行风险分析和评估。

国务院农业行政主管部门应当根据农产品质量安全风险评估结果采取相应的管理措施，并将农产品质量安全风险评估结果及时通报国务院有关部门。

第七条　国务院农业行政主管部门和省、自治区、直辖市人民政府农业行政主管部门应当按照职责权限，发布有关农产品质量安全状况信息。

第八条　国家引导、推广农产品标准化生产，鼓励和支持生产优质农产品，禁止生产、销售不符合国家规定的农产品质量安全标准的农产品。

第九条　国家支持农产品质量安全科学技术研究，推行科学的质量安全管理方法，推广先进安全的生产技术。

第十条　各级人民政府及有关部门应当加强农产品质量安全知识的宣传，提高公众的农产品质量安全意识，引导农产品生产者、销售者加强质量安全管理，保障农产品消费安全。

第二章　安全标准

第十一条　国家建立健全农产品质量安全标准体系。农产品质量安全标准是强制性的技术规范。

农产品质量安全标准的制定和发布，依照有关法律、行政法规的规定执行。

第十二条　制定农产品质量安全标准应当充分考虑农产品质量安全风险评估结果，并听取农产品生产者、销售者和消费者的意见，保障消费安全。

第十三条 农产品质量安全标准应当根据科学技术发展水平以及农产品质量安全的需要，及时修订。

第十四条 农产品质量安全标准由农业行政主管部门协商有关部门组织实施。

第三章 农产品产地

第十五条 县级以上地方人民政府农业行政主管部门按照保障农产品质量安全的要求，根据农产品品种特性和生产区域大气、土壤、水体中有毒有害物质状况等因素，认为不适宜特定农产品生产的，提出禁止生产的区域，报本级人民政府批准后公布。具体办法由国务院农业行政主管部门商国务院环境保护行政主管部门制定。

农产品禁止生产区域的调整，依照前款规定的程序办理。

第十六条 县级以上人民政府应当采取措施，加强农产品基地建设，改善农产品的生产条件。

县级以上人民政府农业行政主管部门应当采取措施，推进保障农产品质量安全的标准化生产综合示范区、示范农场、养殖小区和无规定动植物疫病区的建设。

第十七条 禁止在有毒有害物质超过规定标准的区域生产、捕捞、采集食用农产品和建立农产品生产基地。

第十八条 禁止违反法律、法规的规定向农产品产地排放或者倾倒废水、废气、固体废物或者其他有毒有害物质。

农业生产用水和用作肥料的固体废物，应当符合国家规定的标准。

第十九条 农产品生产者应当合理使用化肥、农药、兽药、农用薄膜等化工产品，防止对农产品产地造成污染。

第四章　农产品生产

第二十条　国务院农业行政主管部门和省、自治区、直辖市人民政府农业行政主管部门应当制定保障农产品质量安全的生产技术要求和操作规程。县级以上人民政府农业行政主管部门应当加强对农产品生产的指导。

第二十一条　对可能影响农产品质量安全的农药、兽药、饲料和饲料添加剂、肥料、兽医器械，依照有关法律、行政法规的规定实行许可制度。

国务院农业行政主管部门和省、自治区、直辖市人民政府农业行政主管部门应当定期对可能危及农产品质量安全的农药、兽药、饲料和饲料添加剂、肥料等农业投入品进行监督抽查，并公布抽查结果。

第二十二条　县级以上人民政府农业行政主管部门应当加强对农业投入品使用的管理和指导，建立健全农业投入品的安全使用制度。

第二十三条　农业科研教育机构和农业技术推广机构应当加强对农产品生产者质量安全知识和技能的培训。

第二十四条　农产品生产企业和农民专业合作经济组织应当建立农产品生产记录，如实记载下列事项：

（一）使用农业投入品的名称、来源、用法、用量和使用、停用的日期；

（二）动物疫病、植物病虫草害的发生和防治情况；

（三）收获、屠宰或者捕捞的日期。

农产品生产记录应当保存二年。禁止伪造农产品生产记录。

国家鼓励其他农产品生产者建立农产品生产记录。

第二十五条　农产品生产者应当按照法律、行政法规和国务院农业行政主管部门的规定，合理使用农业投入品，严格执行农业投入品使用安全间隔期或者休药期的规定，防止危及农产品质量安全。

禁止在农产品生产过程中使用国家明令禁止使用的农业投入品。

第二十六条 农产品生产企业和农民专业合作经济组织，应当自行或者委托检测机构对农产品质量安全状况进行检测；经检测不符合农产品质量安全标准的农产品，不得销售。

第二十七条 农民专业合作经济组织和农产品行业协会对其成员应当及时提供生产技术服务，建立农产品质量安全管理制度，健全农产品质量安全控制体系，加强自律管理。

第五章 包装标识

第二十八条 农产品生产企业、农民专业合作经济组织以及从事农产品收购的单位或者个人销售的农产品，按照规定应当包装或者附加标识的，须经包装或者附加标识后方可销售。包装物或者标识上应当按照规定标明产品的品名、产地、生产者、生产日期、保质期、产品质量等级等内容；使用添加剂的，还应当按照规定标明添加剂的名称。具体办法由国务院农业行政主管部门制定。

第二十九条 农产品在包装、保鲜、贮存、运输中所使用的保鲜剂、防腐剂、添加剂等材料，应当符合国家有关强制性的技术规范。

第三十条 属于农业转基因生物的农产品，应当按照农业转基因生物安全管理的有关规定进行标识。

第三十一条 依法需要实施检疫的动植物及其产品，应当附具检疫合格标志、检疫合格证明。

第三十二条 销售的农产品必须符合农产品质量安全标准，生产者可以申请使用无公害农产品标志。农产品质量符合国家规定的有关优质农产品标准的，生产者可以申请使用相应的农产品质量标志。

禁止冒用前款规定的农产品质量标志。

第六章 监督检查

第三十三条 有下列情形之一的农产品，不得销售：

（一）含有国家禁止使用的农药、兽药或者其他化学物质的；

（二）农药、兽药等化学物质残留或者含有的重金属等有毒有害物质不符合农产品质量安全标准的；

（三）含有的致病性寄生虫、微生物或者生物毒素不符合农产品质量安全标准的；

（四）使用的保鲜剂、防腐剂、添加剂等材料不符合国家有关强制性的技术规范的；

（五）其他不符合农产品质量安全标准的。

第三十四条 国家建立农产品质量安全监测制度。县级以上人民政府农业行政主管部门应当按照保障农产品质量安全的要求，制定并组织实施农产品质量安全监测计划，对生产中或者市场上销售的农产品进行监督抽查。监督抽查结果由国务院农业行政主管部门或者省、自治区、直辖市人民政府农业行政主管部门按照权限予以公布。

监督抽查检测应当委托符合本法第三十五条规定条件的农产品质量安全检测机构进行，不得向被抽查人收取费用，抽取的样品不得超过国务院农业行政主管部门规定的数量。上级农业行政主管部门监督抽查的农产品，下级农业行政主管部门不得另行重复抽查。

第三十五条 农产品质量安全检测应当充分利用现有的符合条件的检测机构。

从事农产品质量安全检测的机构，必须具备相应的检测条件和能力，由省级以上人民政府农业行政主管部门或者其授权的部门考核合格。具体办法由国务院农业行政主管部门制定。

农产品质量安全检测机构应当依法经计量认证合格。

第三十六条 农产品生产者、销售者对监督抽查检测结果有异议的，可以自收到检测结果之日起五日内，向组织实施农产品质量安全监督抽查的农业行政主管部门或者其上级农业行政主管部门申请复检。

采用国务院农业行政主管部门会同有关部门认定的快速检测方法进行农产品质量安全监督抽查检测，被抽查人对检测结果有异议的，可以自收到检测结果时起四小时内申请复检。复检不得采用快速检测方法。

因检测结果错误给当事人造成损害的，依法承担赔偿责任。

第三十七条 农产品批发市场应当设立或者委托农产品质量安全检测机构，对进场销售的农产品质量安全状况进行抽查检测；发现不符合农产品质量安全标准的，应当要求销售者立即停止销售，并向农业行政主管部门报告。

农产品销售企业对其销售的农产品，应当建立健全进货检查验收制度；经查验不符合农产品质量安全标准的，不得销售。

第三十八条 国家鼓励单位和个人对农产品质量安全进行社会监督。任何单位和个人都有权对违反本法的行为进行检举、揭发和控告。有关部门收到相关的检举、揭发和控告后，应当及时处理。

第三十九条 县级以上人民政府农业行政主管部门在农产品质量安全监督检查中，可以对生产、销售的农产品进行现场检查，调查了解农产品质量安全的有关情况，查阅、复制与农产品质量安全有关的记录和其他资料；对经检测不符合农产品质量安全标准的农产品，有权查封、扣押。

第四十条 发生农产品质量安全事故时，有关单位和个人应当采取控制措施，及时向所在地乡级人民政府和县级人民政府农业行政主管部门报告；收到报告的机关应当及时处理并报上一级人民政府和有关部门。发生重大农产品质量安全事故时，农业行政主管部门应当及时通报同级食品药品监督管理部门。

第四十一条 县级以上人民政府农业行政主管部门在农产品质量安全监督管理中，发现有本法第三十三条所列情形之一的农产品，应当按照农产品质量安全责任追究制度的要求，查明责任人，依法予以处理或者提出处理建议。

第四十二条 进口的农产品必须按照国家规定的农产品质量安全标准进行检验；尚未制定有关农产品质量安全标准的，应当依法及时制定，未制定之前，可以参照国家有关部门指定的国外有关标准进行检验。

第七章 法律责任

第四十三条 农产品质量安全监督管理人员不依法履行监督职责，或者滥用职权的，依法给予行政处分。

第四十四条 农产品质量安全检测机构伪造检测结果的，责令改正，没收违法所得，并处五万元以上十万元以下罚款，对直接负责的主管人员和其他直接责任人员处一万元以上五万元以下罚款；情节严重的，撤销其检测资格；造成损害的，依法承担赔偿责任。

农产品质量安全检测机构出具检测结果不实，造成损害的，依法承担赔偿责任；造成重大损害的，并撤销其检测资格。

第四十五条 违反法律、法规规定，向农产品产地排放或者倾倒废水、废气、固体废物或者其他有毒有害物质的，依照有关环境保护法律、法规的规定处罚；造成损害的，依法承担赔偿责任。

第四十六条 使用农业投入品违反法律、行政法规和国务院农业行政主管部门的规定的，依照有关法律、行政法规的规定处罚。

第四十七条　农产品生产企业、农民专业合作经济组织未建立或者未按照规定保存农产品生产记录的，或者伪造农产品生产记录的，责令限期改正；逾期不改正的，可以处二千元以下罚款。

第四十八条　违反本法第二十八条规定，销售的农产品未按照规定进行包装、标识的，责令限期改正；逾期不改正的，可以处二千元以下罚款。

第四十九条　有本法第三十三条第四项规定情形，使用的保鲜剂、防腐剂、添加剂等材料不符合国家有关强制性的技术规范的，责令停止销售，对被污染的农产品进行无害化处理，对不能进行无害化处理的予以监督销毁；没收违法所得，并处二千元以上二万元以下罚款。

第五十条　农产品生产企业、农民专业合作经济组织销售的农产品有本法第三十三条第一项至第三项或者第五项所列情形之一的，责令停止销售，追回已经销售的农产品，对违法销售的农产品进行无害化处理或者予以监督销毁；没收违法所得，并处二千元以上二万元以下罚款。

农产品销售企业销售的农产品有前款所列情形的，依照前款规定处理、处罚。

农产品批发市场中销售的农产品有第一款所列情形的，对违法销售的农产品依照第一款规定处理，对农产品销售者依照第一款规定处罚。

农产品批发市场违反本法第三十七条第一款规定的，责令改正，处二千元以上二万元以下罚款。

第五十一条　违反本法第三十二条规定，冒用农产品质量标志的，责令改正，没收违法所得，并处二千元以上二万元以下罚款。

第五十二条　本法第四十四条、第四十七条至第四十九条、

第五十条第一款、第四款和第五十一条规定的处理、处罚，由县级以上人民政府农业行政主管部门决定；第五十条第二款、第三款规定的处理、处罚，由工商行政管理部门决定。

法律对行政处罚及处罚机关有其他规定的，从其规定。但是，对同一违法行为不得重复处罚。

第五十三条 违反本法规定，构成犯罪的，依法追究刑事责任。

第五十四条 生产、销售本法第三十三条所列农产品，给消费者造成损害的，依法承担赔偿责任。

农产品批发市场中销售的农产品有前款规定情形的，消费者可以向农产品批发市场要求赔偿；属于生产者、销售者责任的，农产品批发市场有权追偿。消费者也可以直接向农产品生产者、销售者要求赔偿。

第八章　附则

第五十五条 生猪屠宰的管理按照国家有关规定执行。

第五十六条 本法自 2006 年 11 月 1 日起施行。

附录二　中华人民共和国食品安全法

第一章　总则

第一条　为了保证食品安全，保障公众身体健康和生命安全，制定本法。

第二条　在中华人民共和国境内从事下列活动，应当遵守本法：

（一）食品生产和加工（以下称食品生产），食品销售和餐饮服务（以下称食品经营）；

（二）食品添加剂的生产经营；

（三）用于食品的包装材料、容器、洗涤剂、消毒剂和用于食品生产经营的工具、设备（以下称食品相关产品）的生产经营；

（四）食品生产经营者使用食品添加剂、食品相关产品；

（五）食品的贮存和运输；

（六）对食品、食品添加剂、食品相关产品的安全管理。

供食用的源于农业的初级产品（以下称食用农产品）的质量安全管理，遵守《中华人民共和国农产品质量安全法》的规定。但是，食用农产品的市场销售、有关质量安全标准的制定、有关安全信息的公布和本法对农业投入品作出规定的，应当遵守本法的规定。

第三条　食品安全工作实行预防为主、风险管理、全程控制、社会共治，建立科学、严格的监督管理制度。

第四条　食品生产经营者对其生产经营食品的安全负责。

食品生产经营者应当依照法律、法规和食品安全标准从事生产经营活动，保证食品安全，诚信自律，对社会和公众负责，接受社会监督，承担社会责任。

第五条 国务院设立食品安全委员会，其职责由国务院规定。

国务院食品药品监督管理部门依照本法和国务院规定的职责，对食品生产经营活动实施监督管理。

国务院卫生行政部门依照本法和国务院规定的职责，组织开展食品安全风险监测和风险评估，会同国务院食品药品监督管理部门制定并公布食品安全国家标准。

国务院其他有关部门依照本法和国务院规定的职责，承担有关食品安全工作。

第六条 县级以上地方人民政府对本行政区域的食品安全监督管理工作负责，统一领导、组织、协调本行政区域的食品安全监督管理工作以及食品安全突发事件应对工作，建立健全食品安全全程监督管理工作机制和信息共享机制。

县级以上地方人民政府依照本法和国务院的规定，确定本级食品药品监督管理、卫生行政部门和其他有关部门的职责。有关部门在各自职责范围内负责本行政区域的食品安全监督管理工作。

县级人民政府食品药品监督管理部门可以在乡镇或者特定区域设立派出机构。

第七条 县级以上地方人民政府实行食品安全监督管理责任制。上级人民政府负责对下一级人民政府的食品安全监督管理工作进行评议、考核。县级以上地方人民政府负责对本级食品药品监督管理部门和其他有关部门的食品安全监督管理工作进行评议、考核。

第八条 县级以上人民政府应当将食品安全工作纳入本级国民经济和社会发展规划，将食品安全工作经费列入本级政府财政预算，加强食品安全监督管理能力建设，为食品安全工作提供保障。

县级以上人民政府食品药品监督管理部门和其他有关部门应当加强沟通、密切配合，按照各自职责分工，依法行使职权，承担责任。

第九条 食品行业协会应当加强行业自律，按照章程建立健全行业规范和奖惩机制，提供食品安全信息、技术等服务，引导和督促食品生产经营者依法生产经营，推动行业诚信建设，宣传、普及食品安全知识。

消费者协会和其他消费者组织对违反本法规定，损害消费者合法权益的行为，依法进行社会监督。

第十条 各级人民政府应当加强食品安全的宣传教育，普及食品安全知识，鼓励社会组织、基层群众性自治组织、食品生产经营者开展食品安全法律、法规以及食品安全标准和知识的普及工作，倡导健康的饮食方式，增强消费者食品安全意识和自我保护能力。

新闻媒体应当开展食品安全法律、法规以及食品安全标准和知识的公益宣传，并对食品安全违法行为进行舆论监督。有关食品安全的宣传报道应当真实、公正。

第十一条 国家鼓励和支持开展与食品安全有关的基础研究、应用研究，鼓励和支持食品生产经营者为提高食品安全水平采用先进技术和先进管理规范。

国家对农药的使用实行严格的管理制度，加快淘汰剧毒、高毒、高残留农药，推动替代产品的研发和应用，鼓励使用高效低毒低残留农药。

第十二条 任何组织或者个人有权举报食品安全违法行为，依法向有关部门了解食品安全信息，对食品安全监督管理工作提出意见和建议。

第十三条 对在食品安全工作中做出突出贡献的单位和个人，按照国家有关规定给予表彰、奖励。

第二章　食品安全风险监测和评估

第十四条　国家建立食品安全风险监测制度，对食源性疾病、食品污染以及食品中的有害因素进行监测。

国务院卫生行政部门会同国务院食品药品监督管理、质量监督等部门，制定、实施国家食品安全风险监测计划。

国务院食品药品监督管理部门和其他有关部门获知有关食品安全风险信息后，应当立即核实并向国务院卫生行政部门通报。对有关部门通报的食品安全风险信息以及医疗机构报告的食源性疾病等有关疾病信息，国务院卫生行政部门应当会同国务院有关部门分析研究，认为必要的，及时调整国家食品安全风险监测计划。

省、自治区、直辖市人民政府卫生行政部门会同同级食品药品监督管理、质量监督等部门，根据国家食品安全风险监测计划，结合本行政区域的具体情况，制定、调整本行政区域的食品安全风险监测方案，报国务院卫生行政部门备案并实施。

第十五条　承担食品安全风险监测工作的技术机构应当根据食品安全风险监测计划和监测方案开展监测工作，保证监测数据真实、准确，并按照食品安全风险监测计划和监测方案的要求报送监测数据和分析结果。

食品安全风险监测工作人员有权进入相关食用农产品种植养殖、食品生产经营场所采集样品、收集相关数据。采集样品应当按照市场价格支付费用。

第十六条　食品安全风险监测结果表明可能存在食品安全隐患的，县级以上人民政府卫生行政部门应当及时将相关信息通报同级食品药品监督管理等部门，并报告本级人民政府和上级人民政府卫生行政部门。食品药品监督管理等部门应当组织开展进一步调查。

第十七条 国家建立食品安全风险评估制度，运用科学方法，根据食品安全风险监测信息、科学数据以及有关信息，对食品、食品添加剂、食品相关产品中生物性、化学性和物理性危害因素进行风险评估。

国务院卫生行政部门负责组织食品安全风险评估工作，成立由医学、农业、食品、营养、生物、环境等方面的专家组成的食品安全风险评估专家委员会进行食品安全风险评估。食品安全风险评估结果由国务院卫生行政部门公布。

对农药、肥料、兽药、饲料和饲料添加剂等的安全性评估，应当有食品安全风险评估专家委员会的专家参加。

食品安全风险评估不得向生产经营者收取费用，采集样品应当按照市场价格支付费用。

第十八条 有下列情形之一的，应当进行食品安全风险评估：

（一）通过食品安全风险监测或者接到举报发现食品、食品添加剂、食品相关产品可能存在安全隐患的；

（二）为制定或者修订食品安全国家标准提供科学依据需要进行风险评估的；

（三）为确定监督管理的重点领域、重点品种需要进行风险评估的；

（四）发现新的可能危害食品安全因素的；

（五）需要判断某一因素是否构成食品安全隐患的；

（六）国务院卫生行政部门认为需要进行风险评估的其他情形。

第十九条 国务院食品药品监督管理、质量监督、农业行政等部门在监督管理工作中发现需要进行食品安全风险评估的，应当向国务院卫生行政部门提出食品安全风险评估的建议，并提供风险来源、相关检验数据和结论等信息、资料。属于本法第十八条规定情形的，国务院卫生行政部门应当及时进行食品安全风险评估，并向国务院有关部门通报评估结果。

第二十条 省级以上人民政府卫生行政、农业行政部门应当及时相互通报食品、食用农产品安全风险监测信息。

国务院卫生行政、农业行政部门应当及时相互通报食品、食用农产品安全风险评估结果等信息。

第二十一条 食品安全风险评估结果是制定、修订食品安全标准和实施食品安全监督管理的科学依据。

经食品安全风险评估，得出食品、食品添加剂、食品相关产品不安全结论的，国务院食品药品监督管理、质量监督等部门应当依据各自职责立即向社会公告，告知消费者停止食用或者使用，并采取相应措施，确保该食品、食品添加剂、食品相关产品停止生产经营；需要制定、修订相关食品安全国家标准的，国务院卫生行政部门应当会同国务院食品药品监督管理部门立即制定、修订。

第二十二条 国务院食品药品监督管理部门应当会同国务院有关部门，根据食品安全风险评估结果、食品安全监督管理信息，对食品安全状况进行综合分析。对经综合分析表明可能具有较高程度安全风险的食品，国务院食品药品监督管理部门应当及时提出食品安全风险警示，并向社会公布。

第二十三条 县级以上人民政府食品药品监督管理部门和其他有关部门、食品安全风险评估专家委员会及其技术机构，应当按照科学、客观、及时、公开的原则，组织食品生产经营者、食品检验机构、认证机构、食品行业协会、消费者协会以及新闻媒体等，就食品安全风险评估信息和食品安全监督管理信息进行交流沟通。

第三章 食品安全标准

第二十四条 制定食品安全标准，应当以保障公众身体健康为宗旨，做到科学合理、安全可靠。

第二十五条 食品安全标准是强制执行的标准。除食品安全标准外，不得制定其他食品强制性标准。

第二十六条 食品安全标准应当包括下列内容：

（一）食品、食品添加剂、食品相关产品中的致病性微生物，农药残留、兽药残留、生物毒素、重金属等污染物质以及其他危害人体健康物质的限量规定；

（二）食品添加剂的品种、使用范围、用量；

（三）专供婴幼儿和其他特定人群的主辅食品的营养成分要求；

（四）对与卫生、营养等食品安全要求有关的标签、标志、说明书的要求；

（五）食品生产经营过程的卫生要求；

（六）与食品安全有关的质量要求；

（七）与食品安全有关的食品检验方法与规程；

（八）其他需要制定为食品安全标准的内容。

第二十七条 食品安全国家标准由国务院卫生行政部门会同国务院食品药品监督管理部门制定、公布，国务院标准化行政部门提供国家标准编号。

食品中农药残留、兽药残留的限量规定及其检验方法与规程由国务院卫生行政部门、国务院农业行政部门会同国务院食品药品监督管理部门制定。

屠宰畜、禽的检验规程由国务院农业行政部门会同国务院卫生行政部门制定。

第二十八条 制定食品安全国家标准，应当依据食品安全风险评估结果并充分考虑食用农产品安全风险评估结果，参照相关的国际标准和国际食品安全风险评估结果，并将食品安全国家标准草案向社会公布，广泛听取食品生产经营者、消费者、有关部门等方面的意见。

食品安全国家标准应当经国务院卫生行政部门组织的食品安全国家标准审评委员会审查通过。食品安全国家标准审评委员会由医学、农业、食品、营养、生物、环境等方面的专家以及国务院有关部门、食品行业协会、消费者协会的代表组成，对食品安全国家标准草案的科学性和实用性等进行审查。

第二十九条 对地方特色食品，没有食品安全国家标准的，省、自治区、直辖市人民政府卫生行政部门可以制定并公布食品安全地方标准，报国务院卫生行政部门备案。食品安全国家标准制定后，该地方标准即行废止。

第三十条 国家鼓励食品生产企业制定严于食品安全国家标准或者地方标准的企业标准，在本企业适用，并报省、自治区、直辖市人民政府卫生行政部门备案。

第三十一条 省级以上人民政府卫生行政部门应当在其网站上公布制定和备案的食品安全国家标准、地方标准和企业标准，供公众免费查阅、下载。

对食品安全标准执行过程中的问题，县级以上人民政府卫生行政部门应当会同有关部门及时给予指导、解答。

第三十二条 省级以上人民政府卫生行政部门应当会同同级食品药品监督管理、质量监督、农业行政等部门，分别对食品安全国家标准和地方标准的执行情况进行跟踪评价，并根据评价结果及时修订食品安全标准。

省级以上人民政府食品药品监督管理、质量监督、农业行政等部门应当对食品安全标准执行中存在的问题进行收集、汇总，并及时向同级卫生行政部门通报。

食品生产经营者、食品行业协会发现食品安全标准在执行中存在问题的，应当立即向卫生行政部门报告。

第四章　食品生产经营

第一节　一般规定

第三十三条　食品生产经营应当符合食品安全标准，并符合下列要求：

（一）具有与生产经营的食品品种、数量相适应的食品原料处理和食品加工、包装、贮存等场所，保持该场所环境整洁，并与有毒、有害场所以及其他污染源保持规定的距离；

（二）具有与生产经营的食品品种、数量相适应的生产经营设备或者设施，有相应的消毒、更衣、盥洗、采光、照明、通风、防腐、防尘、防蝇、防鼠、防虫、洗涤以及处理废水、存放垃圾和废弃物的设备或者设施；

（三）有专职或者兼职的食品安全专业技术人员、食品安全管理人员和保证食品安全的规章制度；

（四）具有合理的设备布局和工艺流程，防止待加工食品与直接入口食品、原料与成品交叉污染，避免食品接触有毒物、不洁物；

（五）餐具、饮具和盛放直接入口食品的容器，使用前应当洗净、消毒，炊具、用具用后应当洗净，保持清洁；

（六）贮存、运输和装卸食品的容器、工具和设备应当安全、无害，保持清洁，防止食品污染，并符合保证食品安全所需的温度、湿度等特殊要求，不得将食品与有毒、有害物品一同贮存、运输；

（七）直接入口的食品应当使用无毒、清洁的包装材料、餐具、饮具和容器；

（八）食品生产经营人员应当保持个人卫生，生产经营食品时，应当将手洗净，穿戴清洁的工作衣、帽等；销售无包装的直接入口食品时，应当使用无毒、清洁的容器、售货工具和设备；

（九）用水应当符合国家规定的生活饮用水卫生标准；

（十）使用的洗涤剂、消毒剂应当对人体安全、无害；

（十一）法律、法规规定的其他要求。

非食品生产经营者从事食品贮存、运输和装卸的，应当符合前款第六项的规定。

第三十四条 禁止生产经营下列食品、食品添加剂、食品相关产品：

（一）用非食品原料生产的食品或者添加食品添加剂以外的化学物质和其他可能危害人体健康物质的食品，或者用回收食品作为原料生产的食品；

（二）致病性微生物，农药残留、兽药残留、生物毒素、重金属等污染物质以及其他危害人体健康的物质含量超过食品安全标准限量的食品、食品添加剂、食品相关产品；

（三）用超过保质期的食品原料、食品添加剂生产的食品、食品添加剂；

（四）超范围、超限量使用食品添加剂的食品；

（五）营养成分不符合食品安全标准的专供婴幼儿和其他特定人群的主辅食品；

（六）腐败变质、油脂酸败、霉变生虫、污秽不洁、混有异物、掺假掺杂或者感官性状异常的食品、食品添加剂；

（七）病死、毒死或者死因不明的禽、畜、兽、水产动物肉类及其制品；

（八）未按规定进行检疫或者检疫不合格的肉类，或者未经检验或者检验不合格的肉类制品；

（九）被包装材料、容器、运输工具等污染的食品、食品添加剂；

（十）标注虚假生产日期、保质期或者超过保质期的食品、食品添加剂；

（十一）无标签的预包装食品、食品添加剂；

（十二）国家为防病等特殊需要明令禁止生产经营的食品；

（十三）其他不符合法律、法规或者食品安全标准的食品、食品添加剂、食品相关产品。

第三十五条 国家对食品生产经营实行许可制度。从事食品生产、食品销售、餐饮服务，应当依法取得许可。但是，销售食用农产品，不需要取得许可。

县级以上地方人民政府食品药品监督管理部门应当依照《中华人民共和国行政许可法》的规定，审核申请人提交的本法第三十三条第一款第一项至第四项规定要求的相关资料，必要时对申请人的生产经营场所进行现场核查；对符合规定条件的，准予许可；对不符合规定条件的，不予许可并书面说明理由。

第三十六条 食品生产加工小作坊和食品摊贩等从事食品生产经营活动，应当符合本法规定的与其生产经营规模、条件相适应的食品安全要求，保证所生产经营的食品卫生、无毒、无害，食品药品监督管理部门应当对其加强监督管理。

县级以上地方人民政府应当对食品生产加工小作坊、食品摊贩等进行综合治理，加强服务和统一规划，改善其生产经营环境，鼓励和支持其改进生产经营条件，进入集中交易市场、店铺等固定场所经营，或者在指定的临时经营区域、时段经营。

食品生产加工小作坊和食品摊贩等的具体管理办法由省、自治区、直辖市制定。

第三十七条 利用新的食品原料生产食品，或者生产食品添加剂新品种、食品相关产品新品种，应当向国务院卫生行政部门提交相关产品的安全性评估材料。国务院卫生行政部门应当自收到申请之日起六十日内组织审查；对符合食品安全要求的，准予许可并公布；对不符合食品安全要求的，不予许可并书面说明理由。

第三十八条 生产经营的食品中不得添加药品，但是可以添加按照传统既是食品又是中药材的物质。按照传统既是食品又是中药材的物质目录由国务院卫生行政部门会同国务院食品药品监督管理部门制定、公布。

第三十九条 国家对食品添加剂生产实行许可制度。从事食品添加剂生产，应当具有与所生产食品添加剂品种相适应的场所、生产设备或者设施、专业技术人员和管理制度，并依照本法第三十五条第二款规定的程序，取得食品添加剂生产许可。

生产食品添加剂应当符合法律、法规和食品安全国家标准。

第四十条 食品添加剂应当在技术上确有必要且经过风险评估证明安全可靠，方可列入允许使用的范围；有关食品安全国家标准应当根据技术必要性和食品安全风险评估结果及时修订。

食品生产经营者应当按照食品安全国家标准使用食品添加剂。

第四十一条 生产食品相关产品应当符合法律、法规和食品安全国家标准。对直接接触食品的包装材料等具有较高风险的食品相关产品，按照国家有关工业产品生产许可证管理的规定实施生产许可。质量监督部门应当加强对食品相关产品生产活动的监督管理。

第四十二条 国家建立食品安全全程追溯制度。

食品生产经营者应当依照本法的规定，建立食品安全追溯体系，保证食品可追溯。国家鼓励食品生产经营者采用信息化手段采集、留存生产经营信息，建立食品安全追溯体系。

国务院食品药品监督管理部门会同国务院农业行政等有关部门建立食品安全全程追溯协作机制。

第四十三条 地方各级人民政府应当采取措施鼓励食品规模化生产和连锁经营、配送。

国家鼓励食品生产经营企业参加食品安全责任保险。

第二节　生产经营过程控制

第四十四条　食品生产经营企业应当建立健全食品安全管理制度，对职工进行食品安全知识培训，加强食品检验工作，依法从事生产经营活动。

食品生产经营企业的主要负责人应当落实企业食品安全管理制度，对本企业的食品安全工作全面负责。

食品生产经营企业应当配备食品安全管理人员，加强对其培训和考核。经考核不具备食品安全管理能力的，不得上岗。食品药品监督管理部门应当对企业食品安全管理人员随机进行监督抽查考核并公布考核情况。监督抽查考核不得收取费用。

第四十五条　食品生产经营者应当建立并执行从业人员健康管理制度。患有国务院卫生行政部门规定的有碍食品安全疾病的人员，不得从事接触直接入口食品的工作。

从事接触直接入口食品工作的食品生产经营人员应当每年进行健康检查，取得健康证明后方可上岗工作。

第四十六条　食品生产企业应当就下列事项制定并实施控制要求，保证所生产的食品符合食品安全标准：

（一）原料采购、原料验收、投料等原料控制；

（二）生产工序、设备、贮存、包装等生产关键环节控制；

（三）原料检验、半成品检验、成品出厂检验等检验控制；

（四）运输和交付控制。

第四十七条　食品生产经营者应当建立食品安全自查制度，定期对食品安全状况进行检查评价。生产经营条件发生变化，不再符合食品安全要求的，食品生产经营者应当立即采取整改措施；有发生食品安全事故潜在风险的，应当立即停止食品生产经营活动，并向所在地县级人民政府食品药品监督管理部门报告。

第四十八条　国家鼓励食品生产经营企业符合良好生产规

范要求，实施危害分析与关键控制点体系，提高食品安全管理水平。

对通过良好生产规范、危害分析与关键控制点体系认证的食品生产经营企业，认证机构应当依法实施跟踪调查；对不再符合认证要求的企业，应当依法撤销认证，及时向县级以上人民政府食品药品监督管理部门通报，并向社会公布。认证机构实施跟踪调查不得收取费用。

第四十九条 食用农产品生产者应当按照食品安全标准和国家有关规定使用农药、肥料、兽药、饲料和饲料添加剂等农业投入品，严格执行农业投入品使用安全间隔期或者休药期的规定，不得使用国家明令禁止的农业投入品。禁止将剧毒、高毒农药用于蔬菜、瓜果、茶叶和中草药材等国家规定的农作物。

食用农产品的生产企业和农民专业合作经济组织应当建立农业投入品使用记录制度。

县级以上人民政府农业行政部门应当加强对农业投入品使用的监督管理和指导，建立健全农业投入品安全使用制度。

第五十条 食品生产者采购食品原料、食品添加剂、食品相关产品，应当查验供货者的许可证和产品合格证明；对无法提供合格证明的食品原料，应当按照食品安全标准进行检验；不得采购或者使用不符合食品安全标准的食品原料、食品添加剂、食品相关产品。

食品生产企业应当建立食品原料、食品添加剂、食品相关产品进货查验记录制度，如实记录食品原料、食品添加剂、食品相关产品的名称、规格、数量、生产日期或者生产批号、保质期、进货日期以及供货者名称、地址、联系方式等内容，并保存相关凭证。记录和凭证保存期限不得少于产品保质期满后六个月；没有明确保质期的，保存期限不得少于二年。

第五十一条 食品生产企业应当建立食品出厂检验记录制

度，查验出厂食品的检验合格证和安全状况，如实记录食品的名称、规格、数量、生产日期或者生产批号、保质期、检验合格证号、销售日期以及购货者名称、地址、联系方式等内容，并保存相关凭证。记录和凭证保存期限应当符合本法第五十条第二款的规定。

第五十二条 食品、食品添加剂、食品相关产品的生产者，应当按照食品安全标准对所生产的食品、食品添加剂、食品相关产品进行检验，检验合格后方可出厂或者销售。

第五十三条 食品经营者采购食品，应当查验供货者的许可证和食品出厂检验合格证或者其他合格证明（以下称合格证明文件）。

食品经营企业应当建立食品进货查验记录制度，如实记录食品的名称、规格、数量、生产日期或者生产批号、保质期、进货日期以及供货者名称、地址、联系方式等内容，并保存相关凭证。记录和凭证保存期限应当符合本法第五十条第二款的规定。

实行统一配送经营方式的食品经营企业，可以由企业总部统一查验供货者的许可证和食品合格证明文件，进行食品进货查验记录。

从事食品批发业务的经营企业应当建立食品销售记录制度，如实记录批发食品的名称、规格、数量、生产日期或者生产批号、保质期、销售日期以及购货者名称、地址、联系方式等内容，并保存相关凭证。记录和凭证保存期限应当符合本法第五十条第二款的规定。

第五十四条 食品经营者应当按照保证食品安全的要求贮存食品，定期检查库存食品，及时清理变质或者超过保质期的食品。

食品经营者贮存散装食品，应当在贮存位置标明食品的名称、生产日期或者生产批号、保质期、生产者名称及联系方式等内容。

第五十五条 餐饮服务提供者应当制定并实施原料控制要求，不得采购不符合食品安全标准的食品原料。倡导餐饮服务提供者公开加工过程，公示食品原料及其来源等信息。

餐饮服务提供者在加工过程中应当检查待加工的食品及原料，发现有本法第三十四条第六项规定情形的，不得加工或者使用。

第五十六条 餐饮服务提供者应当定期维护食品加工、贮存、陈列等设施、设备；定期清洗、校验保温设施及冷藏、冷冻设施。

餐饮服务提供者应当按照要求对餐具、饮具进行清洗消毒，不得使用未经清洗消毒的餐具、饮具；餐饮服务提供者委托清洗消毒餐具、饮具的，应当委托符合本法规定条件的餐具、饮具集中消毒服务单位。

第五十七条 学校、托幼机构、养老机构、建筑工地等集中用餐单位的食堂应当严格遵守法律、法规和食品安全标准；从供餐单位订餐的，应当从取得食品生产经营许可的企业订购，并按照要求对订购的食品进行查验。供餐单位应当严格遵守法律、法规和食品安全标准，当餐加工，确保食品安全。

学校、托幼机构、养老机构、建筑工地等集中用餐单位的主管部门应当加强对集中用餐单位的食品安全教育和日常管理，降低食品安全风险，及时消除食品安全隐患。

第五十八条 餐具、饮具集中消毒服务单位应当具备相应的作业场所、清洗消毒设备或者设施，用水和使用的洗涤剂、消毒剂应当符合相关食品安全国家标准和其他国家标准、卫生规范。

餐具、饮具集中消毒服务单位应当对消毒餐具、饮具进行逐批检验，检验合格后方可出厂，并应当随附消毒合格证明。消毒后的餐具、饮具应当在独立包装上标注单位名称、地址、联系方式、消毒日期以及使用期限等内容。

第五十九条　食品添加剂生产者应当建立食品添加剂出厂检验记录制度，查验出厂产品的检验合格证和安全状况，如实记录食品添加剂的名称、规格、数量、生产日期或者生产批号、保质期、检验合格证号、销售日期以及购货者名称、地址、联系方式等相关内容，并保存相关凭证。记录和凭证保存期限应当符合本法第五十条第二款的规定。

第六十条　食品添加剂经营者采购食品添加剂，应当依法查验供货者的许可证和产品合格证明文件，如实记录食品添加剂的名称、规格、数量、生产日期或者生产批号、保质期、进货日期以及供货者名称、地址、联系方式等内容，并保存相关凭证。记录和凭证保存期限应当符合本法第五十条第二款的规定。

第六十一条　集中交易市场的开办者、柜台出租者和展销会举办者，应当依法审查入场食品经营者的许可证，明确其食品安全管理责任，定期对其经营环境和条件进行检查，发现其有违反本法规定行为的，应当及时制止并立即报告所在地县级人民政府食品药品监督管理部门。

第六十二条　网络食品交易第三方平台提供者应当对入网食品经营者进行实名登记，明确其食品安全管理责任；依法应当取得许可证的，还应当审查其许可证。

网络食品交易第三方平台提供者发现入网食品经营者有违反本法规定行为的，应当及时制止并立即报告所在地县级人民政府食品药品监督管理部门；发现严重违法行为的，应当立即停止提供网络交易平台服务。

第六十三条　国家建立食品召回制度。食品生产者发现其生产的食品不符合食品安全标准或者有证据证明可能危害人体健康的，应当立即停止生产，召回已经上市销售的食品，通知相关生产经营者和消费者，并记录召回和通知情况。

食品经营者发现其经营的食品有前款规定情形的，应当立即停止经营,通知相关生产经营者和消费者,并记录停止经营和通知情况。食品生产者认为应当召回的,应当立即召回。由于食品经营者的原因造成其经营的食品有前款规定情形的,食品经营者应当召回。

食品生产经营者应当对召回的食品采取无害化处理、销毁等措施,防止其再次流入市场。但是,对因标签、标志或者说明书不符合食品安全标准而被召回的食品,食品生产者在采取补救措施且能保证食品安全的情况下可以继续销售;销售时应当向消费者明示补救措施。

食品生产经营者应当将食品召回和处理情况向所在地县级人民政府食品药品监督管理部门报告;需要对召回的食品进行无害化处理、销毁的,应当提前报告时间、地点。食品药品监督管理部门认为必要的,可以实施现场监督。

食品生产经营者未依照本条规定召回或者停止经营的,县级以上人民政府食品药品监督管理部门可以责令其召回或者停止经营。

第六十四条 食用农产品批发市场应当配备检验设备和检验人员或者委托符合本法规定的食品检验机构,对进入该批发市场销售的食用农产品进行抽样检验;发现不符合食品安全标准的,应当要求销售者立即停止销售,并向食品药品监督管理部门报告。

第六十五条 食用农产品销售者应当建立食用农产品进货查验记录制度,如实记录食用农产品的名称、数量、进货日期以及供货者名称、地址、联系方式等内容,并保存相关凭证。记录和凭证保存期限不得少于六个月。

第六十六条 进入市场销售的食用农产品在包装、保鲜、贮存、运输中使用保鲜剂、防腐剂等食品添加剂和包装材料等食品相关产品,应当符合食品安全国家标准。

第三节　标签、说明书和广告

第六十七条　预包装食品的包装上应当有标签。标签应当标明下列事项：

（一）名称、规格、净含量、生产日期；

（二）成分或者配料表；

（三）生产者的名称、地址、联系方式；

（四）保质期；

（五）产品标准代号；

（六）贮存条件；

（七）所使用的食品添加剂在国家标准中的通用名称；

（八）生产许可证编号；

（九）法律、法规或者食品安全标准规定应当标明的其他事项。

专供婴幼儿和其他特定人群的主辅食品，其标签还应当标明主要营养成分及其含量。

食品安全国家标准对标签标注事项另有规定的，从其规定。

第六十八条　食品经营者销售散装食品，应当在散装食品的容器、外包装上标明食品的名称、生产日期或者生产批号、保质期以及生产经营者名称、地址、联系方式等内容。

第六十九条　生产经营转基因食品应当按照规定显著标示。

第七十条　食品添加剂应当有标签、说明书和包装。标签、说明书应当载明本法第六十七条第一款第一项至第六项、第八项、第九项规定的事项，以及食品添加剂的使用范围、用量、使用方法，并在标签上载明“食品添加剂”字样。

第七十一条　食品和食品添加剂的标签、说明书，不得含有虚假内容，不得涉及疾病预防、治疗功能。生产经营者对其提供的标签、说明书的内容负责。

食品和食品添加剂的标签、说明书应当清楚、明显，生产日期、保质期等事项应当显著标注，容易辨识。

食品和食品添加剂与其标签、说明书的内容不符的，不得上市销售。

第七十二条 食品经营者应当按照食品标签标示的警示标志、警示说明或者注意事项的要求销售食品。

第七十三条 食品广告的内容应当真实合法，不得含有虚假内容，不得涉及疾病预防、治疗功能。食品生产经营者对食品广告内容的真实性、合法性负责。

县级以上人民政府食品药品监督管理部门和其他有关部门以及食品检验机构、食品行业协会不得以广告或者其他形式向消费者推荐食品。消费者组织不得以收取费用或者其他牟取利益的方式向消费者推荐食品。

第四节 特殊食品

第七十四条 国家对保健食品、特殊医学用途配方食品和婴幼儿配方食品等特殊食品实行严格监督管理。

第七十五条 保健食品声称保健功能，应当具有科学依据，不得对人体产生急性、亚急性或者慢性危害。

保健食品原料目录和允许保健食品声称的保健功能目录，由国务院食品药品监督管理部门会同国务院卫生行政部门、国家中医药管理部门制定、调整并公布。

保健食品原料目录应当包括原料名称、用量及其对应的功效；列入保健食品原料目录的原料只能用于保健食品生产，不得用于其他食品生产。

第七十六条 使用保健食品原料目录以外原料的保健食品和首次进口的保健食品应当经国务院食品药品监督管理部门注册。但是，首次进口的保健食品中属于补充维生素、矿物质等营养物质的，应当报国务院食品药品监督管理部门备案。其他保健食品应当报省、自治区、直辖市人民政府食品药品监督管理部门备案。

进口的保健食品应当是出口国（地区）主管部门准许上市销售的产品。

第七十七条 依法应当注册的保健食品，注册时应当提交保健食品的研发报告、产品配方、生产工艺、安全性和保健功能评价、标签、说明书等材料及样品，并提供相关证明文件。国务院食品药品监督管理部门经组织技术审评，对符合安全和功能声称要求的，准予注册；对不符合要求的，不予注册并书面说明理由。对使用保健食品原料目录以外原料的保健食品作出准予注册决定的，应当及时将该原料纳入保健食品原料目录。

依法应当备案的保健食品，备案时应当提交产品配方、生产工艺、标签、说明书以及表明产品安全性和保健功能的材料。

第七十八条 保健食品的标签、说明书不得涉及疾病预防、治疗功能，内容应当真实，与注册或者备案的内容相一致，载明适宜人群、不适宜人群、功效成分或者标志性成分及其含量等，并声明“本品不能代替药物”。保健食品的功能和成分应当与标签、说明书相一致。

第七十九条 保健食品广告除应当符合本法第七十三条第一款的规定外，还应当声明“本品不能代替药物”；其内容应当经生产企业所在地省、自治区、直辖市人民政府食品药品监督管理部门审查批准，取得保健食品广告批准文件。省、自治区、直辖市人民政府食品药品监督管理部门应当公布并及时更新已经批准的保健食品广告目录以及批准的广告内容。

第八十条 特殊医学用途配方食品应当经国务院食品药品监督管理部门注册。注册时，应当提交产品配方、生产工艺、标签、说明书以及表明产品安全性、营养充足性和特殊医学用途临床效果的材料。

特殊医学用途配方食品广告适用《中华人民共和国广告法》和其他法律、行政法规关于药品广告管理的规定。

第八十一条 婴幼儿配方食品生产企业应当实施从原料进厂到成品出厂的全过程质量控制，对出厂的婴幼儿配方食品实施逐批检验，保证食品安全。

生产婴幼儿配方食品使用的生鲜乳、辅料等食品原料、食品添加剂等，应当符合法律、行政法规的规定和食品安全国家标准，保证婴幼儿生长发育所需的营养成分。

婴幼儿配方食品生产企业应当将食品原料、食品添加剂、产品配方及标签等事项向省、自治区、直辖市人民政府食品药品监督管理部门备案。

婴幼儿配方乳粉的产品配方应当经国务院食品药品监督管理部门注册。注册时，应当提交配方研发报告和其他表明配方科学性、安全性的材料。

不得以分装方式生产婴幼儿配方乳粉，同一企业不得用同一配方生产不同品牌的婴幼儿配方乳粉。

第八十二条 保健食品、特殊医学用途配方食品、婴幼儿配方乳粉的注册人或者备案人应当对其提交材料的真实性负责。

省级以上人民政府食品药品监督管理部门应当及时公布注册或者备案的保健食品、特殊医学用途配方食品、婴幼儿配方乳粉目录，并对注册或者备案中获知的企业商业秘密予以保密。

保健食品、特殊医学用途配方食品、婴幼儿配方乳粉生产企业应当按照注册或者备案的产品配方、生产工艺等技术要求组织生产。

第八十三条 生产保健食品，特殊医学用途配方食品、婴幼儿配方食品和其他专供特定人群的主辅食品的企业，应当按照良好生产规范的要求建立与所生产食品相适应的生产质量管理体系，定期对该体系的运行情况进行自查，保证其有效运行，并向所在地县级人民政府食品药品监督管理部门提交自查报告。

第五章　食品检验

第八十四条　食品检验机构按照国家有关认证认可的规定取得资质认定后，方可从事食品检验活动。但是，法律另有规定的除外。

食品检验机构的资质认定条件和检验规范，由国务院食品药品监督管理部门规定。

符合本法规定的食品检验机构出具的检验报告具有同等效力。

县级以上人民政府应当整合食品检验资源，实现资源共享。

第八十五条　食品检验由食品检验机构指定的检验人独立进行。

检验人应当依照有关法律、法规的规定，并按照食品安全标准和检验规范对食品进行检验，尊重科学，恪守职业道德，保证出具的检验数据和结论客观、公正，不得出具虚假检验报告。

第八十六条　食品检验实行食品检验机构与检验人负责制。食品检验报告应当加盖食品检验机构公章，并有检验人的签名或者盖章。食品检验机构和检验人对出具的食品检验报告负责。

第八十七条　县级以上人民政府食品药品监督管理部门应当对食品进行定期或者不定期的抽样检验，并依据有关规定公布检验结果，不得免检。进行抽样检验，应当购买抽取的样品，委托符合本法规定的食品检验机构进行检验，并支付相关费用；不得向食品生产经营者收取检验费和其他费用。

第八十八条　对依照本法规定实施的检验结论有异议的，食品生产经营者可以自收到检验结论之日起七个工作日内向实施抽样检验的食品药品监督管理部门或者其上一级食品药品监督管理部门提出复检申请，由受理复检申请的食品药品监督管理部门在公布的复检机构名录中随机确定复检机构进行复检。复检机构出具的复检结论为最终检验结论。复检机构与初检机构不得为同一机构。复检机构名录由国务院认证认可监督管理、食品药品监督管理、卫生行政、农业行政等部门共同公布。

采用国家规定的快速检测方法对食用农产品进行抽查检测，被抽查人对检测结果有异议的，可以自收到检测结果时起四小时内申请复检。复检不得采用快速检测方法。

第八十九条 食品生产企业可以自行对所生产的食品进行检验，也可以委托符合本法规定的食品检验机构进行检验。

食品行业协会和消费者协会等组织、消费者需要委托食品检验机构对食品进行检验的，应当委托符合本法规定的食品检验机构进行。

第九十条 食品添加剂的检验，适用本法有关食品检验的规定。

第六章 食品进出口

第九十一条 国家出入境检验检疫部门对进出口食品安全实施监督管理。

第九十二条 进口的食品、食品添加剂、食品相关产品应当符合我国食品安全国家标准。

进口的食品、食品添加剂应当经出入境检验检疫机构依照进出口商品检验相关法律、行政法规的规定检验合格。

进口的食品、食品添加剂应当按照国家出入境检验检疫部门的要求随附合格证明材料。

第九十三条 进口尚无食品安全国家标准的食品，由境外出口商、境外生产企业或者其委托的进口商向国务院卫生行政部门提交所执行的相关国家（地区）标准或者国际标准。国务院卫生行政部门对相关标准进行审查，认为符合食品安全要求的，决定暂予适用，并及时制定相应的食品安全国家标准。进口利用新的食品原料生产的食品或者进口食品添加剂新品种、食品相关产品新品种，依照本法第三十七条的规定办理。

出入境检验检疫机构按照国务院卫生行政部门的要求，对前款规定的食品、食品添加剂、食品相关产品进行检验。检验结果应当公开。

第九十四条 境外出口商、境外生产企业应当保证向我国出口的食品、食品添加剂、食品相关产品符合本法以及我国其他有关法律、行政法规的规定和食品安全国家标准的要求，并对标签、说明书的内容负责。

进口商应当建立境外出口商、境外生产企业审核制度，重点审核前款规定的内容；审核不合格的，不得进口。

发现进口食品不符合我国食品安全国家标准或者有证据证明可能危害人体健康的，进口商应当立即停止进口，并依照本法第六十三条的规定召回。

第九十五条 境外发生的食品安全事件可能对我国境内造成影响，或者在进口食品、食品添加剂、食品相关产品中发现严重食品安全问题的，国家出入境检验检疫部门应当及时采取风险预警或者控制措施，并向国务院食品药品监督管理、卫生行政、农业行政部门通报。接到通报的部门应当及时采取相应措施。

县级以上人民政府食品药品监督管理部门对国内市场上销售的进口食品、食品添加剂实施监督管理。发现存在严重食品安全问题的，国务院食品药品监督管理部门应当及时向国家出入境检验检疫部门通报。国家出入境检验检疫部门应当及时采取相应措施。

第九十六条 向我国境内出口食品的境外出口商或者代理商、进口食品的进口商应当向国家出入境检验检疫部门备案。向我国境内出口食品的境外食品生产企业应当经国家出入境检验检疫部门注册。已经注册的境外食品生产企业提供虚假材料，或者因其自身的原因致使进口食品发生重大食品安全事故的，国家出入境检验检疫部门应当撤销注册并公告。

国家出入境检验检疫部门应当定期公布已经备案的境外出口商、代理商、进口商和已经注册的境外食品生产企业名单。

第九十七条 进口的预包装食品、食品添加剂应当有中文标签；依法应当有说明书的，还应当有中文说明书。标签、说明书应当符合本法以及我国其他有关法律、行政法规的规定和食品安全国家标准的要求，并载明食品的原产地以及境内代理商的名称、地址、联系方式。预包装食品没有中文标签、中文说明书或者标签、说明书不符合本条规定的，不得进口。

第九十八条 进口商应当建立食品、食品添加剂进口和销售记录制度，如实记录食品、食品添加剂的名称、规格、数量、生产日期、生产或者进口批号、保质期、境外出口商和购货者名称、地址及联系方式、交货日期等内容，并保存相关凭证。记录和凭证保存期限应当符合本法第五十条第二款的规定。

第九十九条 出口食品生产企业应当保证其出口食品符合进口国（地区）的标准或者合同要求。

出口食品生产企业和出口食品原料种植、养殖场应当向国家出入境检验检疫部门备案。

第一百条 国家出入境检验检疫部门应当收集、汇总下列进出口食品安全信息，并及时通报相关部门、机构和企业：

（一）出入境检验检疫机构对进出口食品实施检验检疫发现的食品安全信息；

（二）食品行业协会和消费者协会等组织、消费者反映的进口食品安全信息；

（三）国际组织、境外政府机构发布的风险预警信息及其他食品安全信息，以及境外食品行业协会等组织、消费者反映的食品安全信息；

(四)其他食品安全信息。

国家出入境检验检疫部门应当对进出口食品的进口商、出口商和出口食品生产企业实施信用管理,建立信用记录,并依法向社会公布。对有不良记录的进口商、出口商和出口食品生产企业,应当加强对其进出口食品的检验检疫。

第一百零一条 国家出入境检验检疫部门可以对向我国境内出口食品的国家(地区)的食品安全管理体系和食品安全状况进行评估和审查,并根据评估和审查结果,确定相应检验检疫要求。

第七章 食品安全事故处置

第一百零二条 国务院组织制定国家食品安全事故应急预案。

县级以上地方人民政府应当根据有关法律、法规的规定和上级人民政府的食品安全事故应急预案以及本行政区域的实际情况,制定本行政区域的食品安全事故应急预案,并报上一级人民政府备案。

食品安全事故应急预案应当对食品安全事故分级、事故处置组织指挥体系与职责、预防预警机制、处置程序、应急保障措施等作出规定。

食品生产经营企业应当制定食品安全事故处置方案,定期检查本企业各项食品安全防范措施的落实情况,及时消除事故隐患。

第一百零三条 发生食品安全事故的单位应当立即采取措施,防止事故扩大。事故单位和接收病人进行治疗的单位应当及时向事故发生地县级人民政府食品药品监督管理、卫生行政部门报告。

县级以上人民政府质量监督、农业行政等部门在日常监督管理中发现食品安全事故或者接到事故举报，应当立即向同级食品药品监督管理部门通报。

发生食品安全事故，接到报告的县级人民政府食品药品监督管理部门应当按照应急预案的规定向本级人民政府和上级人民政府食品药品监督管理部门报告。县级人民政府和上级人民政府食品药品监督管理部门应当按照应急预案的规定上报。

任何单位和个人不得对食品安全事故隐瞒、谎报、缓报，不得隐匿、伪造、毁灭有关证据。

第一百零四条 医疗机构发现其接收的病人属于食源性疾病病人或者疑似病人的，应当按照规定及时将相关信息向所在地县级人民政府卫生行政部门报告。县级人民政府卫生行政部门认为与食品安全有关的，应当及时通报同级食品药品监督管理部门。

县级以上人民政府卫生行政部门在调查处理传染病或者其他突发公共卫生事件中发现与食品安全相关的信息，应当及时通报同级食品药品监督管理部门。

第一百零五条 县级以上人民政府食品药品监督管理部门接到食品安全事故的报告后，应当立即会同同级卫生行政、质量监督、农业行政等部门进行调查处理，并采取下列措施，防止或者减轻社会危害：

（一）开展应急救援工作，组织救治因食品安全事故导致人身伤害的人员；

（二）封存可能导致食品安全事故的食品及其原料，并立即进行检验；对确认属于被污染的食品及其原料，责令食品生产经营者依照本法第六十三条的规定召回或者停止经营；

（三）封存被污染的食品相关产品，并责令进行清洗消毒；

（四）做好信息发布工作，依法对食品安全事故及其处理情况进行发布，并对可能产生的危害加以解释、说明。

发生食品安全事故需要启动应急预案的，县级以上人民政府应当立即成立事故处置指挥机构，启动应急预案，依照前款和应急预案的规定进行处置。

发生食品安全事故，县级以上疾病预防控制机构应当对事故现场进行卫生处理，并对与事故有关的因素开展流行病学调查，有关部门应当予以协助。县级以上疾病预防控制机构应当向同级食品药品监督管理、卫生行政部门提交流行病学调查报告。

第一百零六条 发生食品安全事故，设区的市级以上人民政府食品药品监督管理部门应当立即会同有关部门进行事故责任调查，督促有关部门履行职责，向本级人民政府和上一级人民政府食品药品监督管理部门提出事故责任调查处理报告。

涉及两个以上省、自治区、直辖市的重大食品安全事故由国务院食品药品监督管理部门依照前款规定组织事故责任调查。

第一百零七条 调查食品安全事故，应当坚持实事求是、尊重科学的原则，及时、准确查清事故性质和原因，认定事故责任，提出整改措施。

调查食品安全事故，除了查明事故单位的责任，还应当查明有关监督管理部门、食品检验机构、认证机构及其工作人员的责任。

第一百零八条 食品安全事故调查部门有权向有关单位和个人了解与事故有关的情况，并要求提供相关资料和样品。有关单位和个人应当予以配合，按照要求提供相关资料和样品，不得拒绝。

任何单位和个人不得阻挠、干涉食品安全事故的调查处理。

第八章　监督管理

第一百零九条 县级以上人民政府食品药品监督管理、质量监督部门根据食品安全风险监测、风险评估结果和食品安全状况等，确定监督管理的重点、方式和频次，实施风险分级管理。

县级以上地方人民政府组织本级食品药品监督管理、质量监督、农业行政等部门制定本行政区域的食品安全年度监督管理计划，向社会公布并组织实施。

食品安全年度监督管理计划应当将下列事项作为监督管理的重点：

（一）专供婴幼儿和其他特定人群的主辅食品；

（二）保健食品生产过程中的添加行为和按照注册或者备案的技术要求组织生产的情况，保健食品标签、说明书以及宣传材料中有关功能宣传的情况；

（三）发生食品安全事故风险较高的食品生产经营者；

（四）食品安全风险监测结果表明可能存在食品安全隐患的事项。

第一百一十条 县级以上人民政府食品药品监督管理、质量监督部门履行各自食品安全监督管理职责，有权采取下列措施，对生产经营者遵守本法的情况进行监督检查：

（一）进入生产经营场所实施现场检查；

（二）对生产经营的食品、食品添加剂、食品相关产品进行抽样检验；

（三）查阅、复制有关合同、票据、账簿以及其他有关资料；

（四）查封、扣押有证据证明不符合食品安全标准或者有证据证明存在安全隐患以及用于违法生产经营的食品、食品添加剂、食品相关产品；

（五）查封违法从事生产经营活动的场所。

第一百一十一条 对食品安全风险评估结果证明食品存在安全隐患，需要制定、修订食品安全标准的，在制定、修订食品安全标准前，国务院卫生行政部门应当及时会同国务院有关部门规定食品中有害物质的临时限量值和临时检验方法，作为生产经营和监督管理的依据。

第一百一十二条 县级以上人民政府食品药品监督管理部门在食品安全监督管理工作中可以采用国家规定的快速检测方法对食品进行抽查检测。

对抽查检测结果表明可能不符合食品安全标准的食品，应当依照本法第八十七条的规定进行检验。抽查检测结果确定有关食品不符合食品安全标准的，可以作为行政处罚的依据。

第一百一十三条 县级以上人民政府食品药品监督管理部门应当建立食品生产经营者食品安全信用档案，记录许可颁发、日常监督检查结果、违法行为查处等情况，依法向社会公布并实时更新；对有不良信用记录的食品生产经营者增加监督检查频次，对违法行为情节严重的食品生产经营者，可以通报投资主管部门、证券监督管理机构和有关的金融机构。

第一百一十四条 食品生产经营过程中存在食品安全隐患，未及时采取措施消除的，县级以上人民政府食品药品监督管理部门可以对食品生产经营者的法定代表人或者主要负责人进行责任约谈。食品生产经营者应当立即采取措施，进行整改，消除隐患。责任约谈情况和整改情况应当纳入食品生产经营者食品安全信用档案。

第一百一十五条 县级以上人民政府食品药品监督管理、质量监督等部门应当公布本部门的电子邮件地址或者电话，接受咨询、投诉、举报。接到咨询、投诉、举报，对属于本部门职责的，应当受理并在法定期限内及时答复、核实、处理；对不属于本部门职责的，应当移交有权处理的部门并书面通知咨询、投诉、举报人。有权处理的部门应当在法定期限内及时处理，不得推诿。对查证属实的举报，给予举报人奖励。

有关部门应当对举报人的信息予以保密，保护举报人的合法权益。举报人举报所在企业的，该企业不得以解除、变更劳动合同或者其他方式对举报人进行打击报复。

第一百一十六条 县级以上人民政府食品药品监督管理、质量监督等部门应当加强对执法人员食品安全法律、法规、标准和专业知识与执法能力等的培训，并组织考核。不具备相应知识和能力的，不得从事食品安全执法工作。

食品生产经营者、食品行业协会、消费者协会等发现食品安全执法人员在执法过程中有违反法律、法规规定的行为以及不规范执法行为的，可以向本级或者上级人民政府食品药品监督管理、质量监督等部门或者监察机关投诉、举报。接到投诉、举报的部门或者机关应当进行核实，并将经核实的情况向食品安全执法人员所在部门通报；涉嫌违法违纪的，按照本法和有关规定处理。

第一百一十七条 县级以上人民政府食品药品监督管理等部门未及时发现食品安全系统性风险，未及时消除监督管理区域内的食品安全隐患的，本级人民政府可以对其主要负责人进行责任约谈。

地方人民政府未履行食品安全职责，未及时消除区域性重大食品安全隐患的，上级人民政府可以对其主要负责人进行责任约谈。

被约谈的食品药品监督管理等部门、地方人民政府应当立即采取措施，对食品安全监督管理工作进行整改。

责任约谈情况和整改情况应当纳入地方人民政府和有关部门食品安全监督管理工作评议、考核记录。

第一百一十八条 国家建立统一的食品安全信息平台，实行食品安全信息统一公布制度。国家食品安全总体情况、食品安全风险警示信息、重大食品安全事故及其调查处理信息和国务院确定需要统一公布的其他信息由国务院食品药品监督管理部门统一公布。食品安全风险警示信息和重大食品安全事故及其调查处理信息的影响限于特定区域的，也可以由有关省、自治区、直辖市人民政府食品药品监督管理部门公布。未经授权不得发布上述信息。

县级以上人民政府食品药品监督管理、质量监督、农业行政部门依据各自职责公布食品安全日常监督管理信息。

公布食品安全信息，应当做到准确、及时，并进行必要的解释说明，避免误导消费者和社会舆论。

第一百一十九条 县级以上地方人民政府食品药品监督管理、卫生行政、质量监督、农业行政部门获知本法规定需要统一公布的信息，应当向上级主管部门报告，由上级主管部门立即报告国务院食品药品监督管理部门；必要时，可以直接向国务院食品药品监督管理部门报告。

县级以上人民政府食品药品监督管理、卫生行政、质量监督、农业行政部门应当相互通报获知的食品安全信息。

第一百二十条 任何单位和个人不得编造、散布虚假食品安全信息。

县级以上人民政府食品药品监督管理部门发现可能误导消费者和社会舆论的食品安全信息，应当立即组织有关部门、专业机构、相关食品生产经营者等进行核实、分析，并及时公布结果。

第一百二十一条 县级以上人民政府食品药品监督管理、质量监督等部门发现涉嫌食品安全犯罪的，应当按照有关规定及时将案件移送公安机关。对移送的案件，公安机关应当及时审查；认为有犯罪事实需要追究刑事责任的，应当立案侦查。

公安机关在食品安全犯罪案件侦查过程中认为没有犯罪事实，或者犯罪事实显著轻微，不需要追究刑事责任，但依法应当追究行政责任的，应当及时将案件移送食品药品监督管理、质量监督等部门和监察机关，有关部门应当依法处理。

公安机关商请食品药品监督管理、质量监督、环境保护等部门提供检验结论、认定意见以及对涉案物品进行无害化处理等协助的，有关部门应当及时提供，予以协助。

第九章 法律责任

第一百二十二条 违反本法规定，未取得食品生产经营许可从事食品生产经营活动，或者未取得食品添加剂生产许可从事食品添加剂生产活动的，由县级以上人民政府食品药品监督管理部门没收违法所得和违法生产经营的食品、食品添加剂以及用于违法生产经营的工具、设备、原料等物品；违法生产经营的食品、食品添加剂货值金额不足一万元的，并处五万元以上十万元以下罚款；货值金额一万元以上的，并处货值金额十倍以上二十倍以下罚款。

明知从事前款规定的违法行为，仍为其提供生产经营场所或者其他条件的，由县级以上人民政府食品药品监督管理部门责令停止违法行为，没收违法所得，并处五万元以上十万元以下罚款；使消费者的合法权益受到损害的，应当与食品、食品添加剂生产经营者承担连带责任。

第一百二十三条 违反本法规定，有下列情形之一，尚不构成犯罪的，由县级以上人民政府食品药品监督管理部门没收违法所得和违法生产经营的食品，并可以没收用于违法生产经营的工具、设备、原料等物品；违法生产经营的食品货值金额不足一万元的，并处十万元以上十五万元以下罚款；货值金额一万元以上的，并处货值金额十五倍以上三十倍以下罚款；情节严重的，吊销许可证，并可以由公安机关对其直接负责的主管人员和其他直接责任人员处五日以上十五日以下拘留：

（一）用非食品原料生产食品、在食品中添加食品添加剂以外的化学物质和其他可能危害人体健康的物质，或者用回收食品作为原料生产食品，或者经营上述食品；

（二）生产经营营养成分不符合食品安全标准的专供婴幼儿

和其他特定人群的主辅食品；

（三）经营病死、毒死或者死因不明的禽、畜、兽、水产动物肉类，或者生产经营其制品；

（四）经营未按规定进行检疫或者检疫不合格的肉类，或者生产经营未经检验或者检验不合格的肉类制品；

（五）生产经营国家为防病等特殊需要明令禁止生产经营的食品；

（六）生产经营添加药品的食品。

明知从事前款规定的违法行为，仍为其提供生产经营场所或者其他条件的，由县级以上人民政府食品药品监督管理部门责令停止违法行为，没收违法所得，并处十万元以上二十万元以下罚款；使消费者的合法权益受到损害的，应当与食品生产经营者承担连带责任。

违法使用剧毒、高毒农药的，除依照有关法律、法规规定给予处罚外，可以由公安机关依照第一款规定给予拘留。

第一百二十四条 违反本法规定，有下列情形之一，尚不构成犯罪的，由县级以上人民政府食品药品监督管理部门没收违法所得和违法生产经营的食品、食品添加剂，并可以没收用于违法生产经营的工具、设备、原料等物品；违法生产经营的食品、食品添加剂货值金额不足一万元的，并处五万元以上十万元以下罚款；货值金额一万元以上的，并处货值金额十倍以上二十倍以下罚款；情节严重的，吊销许可证：

（一）生产经营致病性微生物，农药残留、兽药残留、生物毒素、重金属等污染物质以及其他危害人体健康的物质含量超过食品安全标准限量的食品、食品添加剂；

（二）用超过保质期的食品原料、食品添加剂生产食品、食品添加剂，或者经营上述食品、食品添加剂；

（三）生产经营超范围、超限量使用食品添加剂的食品；

（四）生产经营腐败变质、油脂酸败、霉变生虫、污秽不洁、混有异物、掺假掺杂或者感官性状异常的食品、食品添加剂；

（五）生产经营标注虚假生产日期、保质期或者超过保质期的食品、食品添加剂；

（六）生产经营未按规定注册的保健食品、特殊医学用途配方食品、婴幼儿配方乳粉，或者未按注册的产品配方、生产工艺等技术要求组织生产；

（七）以分装方式生产婴幼儿配方乳粉，或者同一企业以同一配方生产不同品牌的婴幼儿配方乳粉；

（八）利用新的食品原料生产食品，或者生产食品添加剂新品种，未通过安全性评估；

（九）食品生产经营者在食品药品监督管理部门责令其召回或者停止经营后，仍拒不召回或者停止经营。

除前款和本法第一百二十三条、第一百二十五条规定的情形外，生产经营不符合法律、法规或者食品安全标准的食品、食品添加剂的，依照前款规定给予处罚。

生产食品相关产品新品种，未通过安全性评估，或者生产不符合食品安全标准的食品相关产品的，由县级以上人民政府质量监督部门依照第一款规定给予处罚。

第一百二十五条　违反本法规定，有下列情形之一的，由县级以上人民政府食品药品监督管理部门没收违法所得和违法生产经营的食品、食品添加剂，并可以没收用于违法生产经营的工具、设备、原料等物品；违法生产经营的食品、食品添加剂货值金额不足一万元的，并处五千元以上五万元以下罚款；货值金额一万元以上的，并处货值金额五倍以上十倍以下罚款；情节严重的，责令停产停业，直至吊销许可证：

（一）生产经营被包装材料、容器、运输工具等污染的食品、食品添加剂；

（二）生产经营无标签的预包装食品、食品添加剂或者标签、说明书不符合本法规定的食品、食品添加剂；

（三）生产经营转基因食品未按规定进行标示；

（四）食品生产经营者采购或者使用不符合食品安全标准的食品原料、食品添加剂、食品相关产品。

生产经营的食品、食品添加剂的标签、说明书存在瑕疵但不影响食品安全且不会对消费者造成误导的，由县级以上人民政府食品药品监督管理部门责令改正；拒不改正的，处二千元以下罚款。

第一百二十六条 违反本法规定，有下列情形之一的，由县级以上人民政府食品药品监督管理部门责令改正，给予警告；拒不改正的，处五千元以上五万元以下罚款；情节严重的，责令停产停业，直至吊销许可证：

（一）食品、食品添加剂生产者未按规定对采购的食品原料和生产的食品、食品添加剂进行检验；

（二）食品生产经营企业未按规定建立食品安全管理制度，或者未按规定配备或者培训、考核食品安全管理人员；

（三）食品、食品添加剂生产经营者进货时未查验许可证和相关证明文件，或者未按规定建立并遵守进货查验记录、出厂检验记录和销售记录制度；

（四）食品生产经营企业未制定食品安全事故处置方案；

（五）餐具、饮具和盛放直接入口食品的容器，使用前未经洗净、消毒或者清洗消毒不合格，或者餐饮服务设施、设备未按规定定期维护、清洗、校验；

（六）食品生产经营者安排未取得健康证明或者患有国务院卫生行政部门规定的有碍食品安全疾病的人员从事接触直接入口食品的工作；

（七）食品经营者未按规定要求销售食品；

（八）保健食品生产企业未按规定向食品药品监督管理部门备案，或者未按备案的产品配方、生产工艺等技术要求组织生产；

（九）婴幼儿配方食品生产企业未将食品原料、食品添加剂、产品配方、标签等向食品药品监督管理部门备案；

（十）特殊食品生产企业未按规定建立生产质量管理体系并有效运行，或者未定期提交自查报告；

（十一）食品生产经营者未定期对食品安全状况进行检查评价，或者生产经营条件发生变化，未按规定处理；

（十二）学校、托幼机构、养老机构、建筑工地等集中用餐单位未按规定履行食品安全管理责任；

（十三）食品生产企业、餐饮服务提供者未按规定制定、实施生产经营过程控制要求。

餐具、饮具集中消毒服务单位违反本法规定用水，使用洗涤剂、消毒剂，或者出厂的餐具、饮具未按规定检验合格并随附消毒合格证明，或者未按规定在独立包装上标注相关内容的，由县级以上人民政府卫生行政部门依照前款规定给予处罚。

食品相关产品生产者未按规定对生产的食品相关产品进行检验的，由县级以上人民政府质量监督部门依照第一款规定给予处罚。

食用农产品销售者违反本法第六十五条规定的，由县级以上人民政府食品药品监督管理部门依照第一款规定给予处罚。

第一百二十七条 对食品生产加工小作坊、食品摊贩等的违法行为的处罚，依照省、自治区、直辖市制定的具体管理办法执行。

第一百二十八条 违反本法规定，事故单位在发生食品安全事故后未进行处置、报告的，由有关主管部门按照各自职责分工责令改正，给予警告；隐匿、伪造、毁灭有关证据的，责令停产停业，没收违法所得，并处十万元以上五十万元以下罚款；造成严重后果的，吊销许可证。

第一百二十九条 违反本法规定，有下列情形之一的，由出入境检验检疫机构依照本法第一百二十四条的规定给予处罚：

（一）提供虚假材料，进口不符合我国食品安全国家标准的食品、食品添加剂、食品相关产品；

（二）进口尚无食品安全国家标准的食品，未提交所执行的标准并经国务院卫生行政部门审查，或者进口利用新的食品原料生产的食品或者进口食品添加剂新品种、食品相关产品新品种，未通过安全性评估；

（三）未遵守本法的规定出口食品；

（四）进口商在有关主管部门责令其依照本法规定召回进口的食品后，仍拒不召回。

违反本法规定，进口商未建立并遵守食品、食品添加剂进口和销售记录制度、境外出口商或者生产企业审核制度的，由出入境检验检疫机构依照本法第一百二十六条的规定给予处罚。

第一百三十条 违反本法规定，集中交易市场的开办者、柜台出租者、展销会的举办者允许未依法取得许可的食品经营者进入市场销售食品，或者未履行检查、报告等义务的，由县级以上人民政府食品药品监督管理部门责令改正，没收违法所得，并处五万元以上二十万元以下罚款；造成严重后果的，责令停业，直至由原发证部门吊销许可证；使消费者的合法权益受到损害的，应当与食品经营者承担连带责任。

食用农产品批发市场违反本法第六十四条规定的，依照前款规定承担责任。

第一百三十一条 违反本法规定，网络食品交易第三方平台提供者未对入网食品经营者进行实名登记、审查许可证，或者未履行报告、停止提供网络交易平台服务等义务的，由县级以上人民政府食品药品监督管理部门责令改正，没收违法所得，并处五万元以上二十万元以下罚款；造成严重后果的，责令停业，直至由原发证部门吊销许可证；使消费者的合法权益受到损害的，应当与食品经营者承担连带责任。

消费者通过网络食品交易第三方平台购买食品，其合法权益受到损害的，可以向入网食品经营者或者食品生产者要求赔偿。网络食品交易第三方平台提供者不能提供入网食品经营者的真实名称、地址和有效联系方式的，由网络食品交易第三方平台提供者赔偿。网络食品交易第三方平台提供者赔偿后，有权向入网食品经营者或者食品生产者追偿。网络食品交易第三方平台提供者作出更有利于消费者承诺的，应当履行其承诺。

第一百三十二条 违反本法规定，未按要求进行食品贮存、运输和装卸的，由县级以上人民政府食品药品监督管理等部门按照各自职责分工责令改正，给予警告；拒不改正的，责令停产停业，并处一万元以上五万元以下罚款；情节严重的，吊销许可证。

第一百三十三条 违反本法规定，拒绝、阻挠、干涉有关部门、机构及其工作人员依法开展食品安全监督检查、事故调查处理、风险监测和风险评估的，由有关主管部门按照各自职责分工责令停产停业，并处两千元以上五万元以下罚款；情节严重的，吊销许可证；构成违反治安管理行为的，由公安机关依法给予治安管理处罚。

违反本法规定，对举报人以解除、变更劳动合同或者其他方式打击报复的，应当依照有关法律的规定承担责任。

第一百三十四条 食品生产经营者在一年内累计三次因违反本法规定受到责令停产停业、吊销许可证以外处罚的，由食品药品监督管理部门责令停产停业，直至吊销许可证。

第一百三十五条 被吊销许可证的食品生产经营者及其法定代表人、直接负责的主管人员和其他直接责任人员自处罚决定作出之日起五年内不得申请食品生产经营许可，或者从事食品生产经营管理工作、担任食品生产经营企业食品安全管理人员。

因食品安全犯罪被判处有期徒刑以上刑罚的，终身不得从事食品生产经营管理工作，也不得担任食品生产经营企业食品安全管理人员。

食品生产经营者聘用人员违反前两款规定的，由县级以上人民政府食品药品监督管理部门吊销许可证。

第一百三十六条 食品经营者履行了本法规定的进货查验等义务，有充分证据证明其不知道所采购的食品不符合食品安全标准，并能如实说明其进货来源的，可以免予处罚，但应当依法没收其不符合食品安全标准的食品；造成人身、财产或者其他损害的，依法承担赔偿责任。

第一百三十七条 违反本法规定，承担食品安全风险监测、风险评估工作的技术机构、技术人员提供虚假监测、评估信息的，依法对技术机构直接负责的主管人员和技术人员给予撤职、开除处分；有执业资格的，由授予其资格的主管部门吊销执业证书。

第一百三十八条 违反本法规定，食品检验机构、食品检验人员出具虚假检验报告的，由授予其资质的主管部门或者机构撤销该食品检验机构的检验资质，没收所收取的检验费用，并处检验费用五倍以上十倍以下罚款，检验费用不足一万元的，并处五万元以上十万元以下罚款；依法对食品检验机构直接负责的主管人员和食品检验人员给予撤职或者开除处分；导致发生重大食品安全事故的，对直接负责的主管人员和食品检验人员给予开除处分。

违反本法规定，受到开除处分的食品检验机构人员，自处分决定作出之日起十年内不得从事食品检验工作；因食品安全违法行为受到刑事处罚或者因出具虚假检验报告导致发生重大食品安全事故受到开除处分的食品检验机构人员，终身不得从事食品检验工作。食品检验机构聘用不得从事食品检验工作的人员的，由授予其资质的主管部门或者机构撤销该食品检验机构的检验资质。

食品检验机构出具虚假检验报告，使消费者的合法权益受到损害的，应当与食品生产经营者承担连带责任。

第一百三十九条 违反本法规定，认证机构出具虚假认证结论，由认证认可监督管理部门没收所收取的认证费用，并处认证费用五倍以上十倍以下罚款，认证费用不足一万元的，并处五万元以上十万元以下罚款；情节严重的，责令停业，直至撤销认证机构批准文件，并向社会公布；对直接负责的主管人员和负有直接责任的认证人员，撤销其执业资格。

认证机构出具虚假认证结论，使消费者的合法权益受到损害的，应当与食品生产经营者承担连带责任。

第一百四十条 违反本法规定，在广告中对食品作虚假宣传，欺骗消费者，或者发布未取得批准文件、广告内容与批准文件不一致的保健食品广告的，依照《中华人民共和国广告法》的规定给予处罚。

广告经营者、发布者设计、制作、发布虚假食品广告，使消费者的合法权益受到损害的，应当与食品生产经营者承担连带责任。

社会团体或者其他组织、个人在虚假广告或者其他虚假宣传中向消费者推荐食品，使消费者的合法权益受到损害的，应当与食品生产经营者承担连带责任。

违反本法规定，食品药品监督管理等部门、食品检验机构、食品行业协会以广告或者其他形式向消费者推荐食品，消费者组织以收取费用或者其他牟取利益的方式向消费者推荐食品的，由有关主管部门没收违法所得，依法对直接负责的主管人员和其他直接责任人员给予记大过、降级或者撤职处分；情节严重的，给予开除处分。

对食品作虚假宣传且情节严重的，由省级以上人民政府食品药品监督管理部门决定暂停销售该食品，并向社会公布；仍然销售该食品的，由县级以上人民政府食品药品监督管理部门没收违法所得和违法销售的食品，并处两万元以上五万元以下罚款。

第一百四十一条 违反本法规定，编造、散布虚假食品安全信息，构成违反治安管理行为的，由公安机关依法给予治安管理处罚。

媒体编造、散布虚假食品安全信息的，由有关主管部门依法给予处罚，并对直接负责的主管人员和其他直接责任人员给予处分；使公民、法人或者其他组织的合法权益受到损害的，依法承担消除影响、恢复名誉、赔偿损失、赔礼道歉等民事责任。

第一百四十二条 违反本法规定，县级以上地方人民政府有下列行为之一的，对直接负责的主管人员和其他直接责任人员给予记大过处分；情节较重的，给予降级或者撤职处分；情节严重的，给予开除处分；造成严重后果的，其主要负责人还应当引咎辞职：

（一）对发生在本行政区域内的食品安全事故，未及时组织协调有关部门开展有效处置，造成不良影响或者损失；

（二）对本行政区域内涉及多环节的区域性食品安全问题，未及时组织整治，造成不良影响或者损失；

（三）隐瞒、谎报、缓报食品安全事故；

（四）本行政区域内发生特别重大食品安全事故，或者连续发生重大食品安全事故。

第一百四十三条 违反本法规定，县级以上地方人民政府有下列行为之一的，对直接负责的主管人员和其他直接责任人员给予警告、记过或者记大过处分；造成严重后果的，给予降级或者撤职处分：

（一）未确定有关部门的食品安全监督管理职责，未建立健全食品安全全程监督管理工作机制和信息共享机制，未落实食品安全监督管理责任制；

（二）未制定本行政区域的食品安全事故应急预案，或者发生食品安全事故后未按规定立即成立事故处置指挥机构、启动应急预案。

第一百四十四条 违反本法规定，县级以上人民政府食品药品监督管理、卫生行政、质量监督、农业行政等部门有下列行为之一的，对直接负责的主管人员和其他直接责任人员给予记大过处分；情节较重的，给予降级或者撤职处分；情节严重的，给予开除处分；造成严重后果的，其主要负责人还应当引咎辞职：

（一）隐瞒、谎报、缓报食品安全事故；

（二）未按规定查处食品安全事故，或者接到食品安全事故报告未及时处理，造成事故扩大或者蔓延；

（三）经食品安全风险评估得出食品、食品添加剂、食品相关产品不安全结论后，未及时采取相应措施，造成食品安全事故或者不良社会影响；

（四）对不符合条件的申请人准予许可，或者超越法定职权准予许可；

（五）不履行食品安全监督管理职责，导致发生食品安全事故。

第一百四十五条 违反本法规定，县级以上人民政府食品药品监督管理、卫生行政、质量监督、农业行政等部门有下列行为之一，造成不良后果的，对直接负责的主管人员和其他直接责任人员给予警告、记过或者记大过处分；情节较重的，给予降级或者撤职处分；情节严重的，给予开除处分：

（一）在获知有关食品安全信息后，未按规定向上级主管部门和本级人民政府报告，或者未按规定相互通报；

（二）未按规定公布食品安全信息；

（三）不履行法定职责，对查处食品安全违法行为不配合，或者滥用职权、玩忽职守、徇私舞弊。

第一百四十六条 食品药品监督管理、质量监督等部门在履行食品安全监督管理职责过程中，违法实施检查、强制等执法措施，给生产经营者造成损失的，应当依法予以赔偿，对直接负责的主管人员和其他直接责任人员依法给予处分。

第一百四十七条 违反本法规定，造成人身、财产或者其他损害的，依法承担赔偿责任。生产经营者财产不足以同时承担民事赔偿责任和缴纳罚款、罚金时，先承担民事赔偿责任。

第一百四十八条 消费者因不符合食品安全标准的食品受到损害的，可以向经营者要求赔偿损失，也可以向生产者要求赔偿损失。接到消费者赔偿要求的生产经营者，应当实行首负责任制，先行赔付，不得推诿；属于生产者责任的，经营者赔偿后有权向生产者追偿；属于经营者责任的，生产者赔偿后有权向经营者追偿。

生产不符合食品安全标准的食品或者经营明知是不符合食品安全标准的食品，消费者除要求赔偿损失外，还可以向生产者或者经营者要求支付价款十倍或者损失三倍的赔偿金；增加赔偿的金额不足一千元的，为一千元。但是，食品的标签、说明书存在不影响食品安全且不会对消费者造成误导的瑕疵的除外。

第一百四十九条 违反本法规定，构成犯罪的，依法追究刑事责任。

第十章 附则

第一百五十条 本法下列用语的含义：

食品，指各种供人食用或者饮用的成品和原料以及按照传统既是食品又是中药材的物品，但是不包括以治疗为目的的物品。

食品安全，指食品无毒、无害，符合应当有的营养要求，对人体健康不造成任何急性、亚急性或者慢性危害。

预包装食品，指预先定量包装或者制作在包装材料、容器中的食品。

食品添加剂，指为改善食品品质和色、香、味以及为防腐、保鲜和加工工艺的需要而加入食品中的人工合成或者天然物质，包括营养强化剂。

用于食品的包装材料和容器，指包装、盛放食品或者食品添加剂用的纸、竹、木、金属、搪瓷、陶瓷、塑料、橡胶、天然纤维、化学纤维、玻璃等制品和直接接触食品或者食品添加剂的涂料。

用于食品生产经营的工具、设备，指在食品或者食品添加剂生产、销售、使用过程中直接接触食品或者食品添加剂的机械、管道、传送带、容器、用具、餐具等。

用于食品的洗涤剂、消毒剂，指直接用于洗涤或者消毒食品、餐具、饮具以及直接接触食品的工具、设备或者食品包装材料和容器的物质。

食品保质期，指食品在标明的贮存条件下保持品质的期限。

食源性疾病，指食品中致病因素进入人体引起的感染性、中毒性等疾病，包括食物中毒。

食品安全事故，指食源性疾病、食品污染等源于食品，对人体健康有危害或者可能有危害的事故。

第一百五十一条 转基因食品和食盐的食品安全管理，本法未作规定的，适用其他法律、行政法规的规定。

第一百五十二条 铁路、民航运营中食品安全的管理办法由国务院食品药品监督管理部门会同国务院有关部门依照本法制定。

保健食品的具体管理办法由国务院食品药品监督管理部门依照本法制定。

食品相关产品生产活动的具体管理办法由国务院质量监督

部门依照本法制定。

国境口岸食品的监督管理由出入境检验检疫机构依照本法以及有关法律、行政法规的规定实施。

军队专用食品和自供食品的食品安全管理办法由中央军事委员会依照本法制定。

第一百五十三条 国务院根据实际需要，可以对食品安全监督管理体制作出调整。

第一百五十四条 本法自 2015 年 10 月 1 日起施行。

附录三 绿色食品标志管理办法

第一章 总则

第一条 为加强绿色食品标志使用管理，确保绿色食品信誉，促进绿色食品事业健康发展，维护生产经营者和消费者合法权益，根据《中华人民共和国农业法》、《中华人民共和国食品安全法》、《中华人民共和国农产品质量安全法》和《中华人民共和国商标法》，制定本办法。

第二条 本办法所称绿色食品，是指产自优良生态环境、按照绿色食品标准生产、实行全程质量控制并获得绿色食品标志使用权的安全、优质食用农产品及相关产品。

第三条 绿色食品标志依法注册为证明商标，受法律保护。

第四条 县级以上人民政府农业行政主管部门依法对绿色食品及绿色食品标志进行监督管理。

第五条 中国绿色食品发展中心负责全国绿色食品标志使用申请的审查、颁证和颁证后跟踪检查工作。

省级人民政府农业行政主管部门所属绿色食品工作机构（以下简称省级工作机构）负责本行政区域绿色食品标志使用申请的受理、初审和颁证后跟踪检查工作。

第六条 绿色食品产地环境、生产技术、产品质量、包装贮运等标准和规范，由农业部制定并发布。

第七条 承担绿色食品产品和产地环境检测工作的技术机构，应当具备相应的检测条件和能力，并依法经过资质认定，由中国绿色食品发展中心按照公平、公正、竞争的原则择优指定并报农业部备案。

第八条 县级以上地方人民政府农业行政主管部门应当鼓

励和扶持绿色食品生产,将其纳入本地农业和农村经济发展规划,支持绿色食品生产基地建设。

第二章 标志使用申请与核准

第九条 申请使用绿色食品标志的产品,应当符合《中华人民共和国食品安全法》和《中华人民共和国农产品质量安全法》等法律法规规定,在国家工商总局商标局核定的范围内,并具备下列条件:

(一)产品或产品原料产地环境符合绿色食品产地环境质量标准;

(二)农药、肥料、饲料、兽药等投入品使用符合绿色食品投入品使用准则;

(三)产品质量符合绿色食品产品质量标准;

(四)包装贮运符合绿色食品包装贮运标准。

第十条 申请使用绿色食品标志的生产单位(以下简称申请人),应当具备下列条件:

(一)能够独立承担民事责任;

(二)具有绿色食品生产的环境条件和生产技术;

(三)具有完善的质量管理和质量保证体系;

(四)具有与生产规模相适应的生产技术人员和质量控制人员;

(五)具有稳定的生产基地;

(六)申请前三年内无质量安全事故和不良诚信记录。

第十一条 申请人应当向省级工作机构提出申请,并提交下列材料:

(一)标志使用申请书;

(二)资质证明材料;

(三)产品生产技术规程和质量控制规范;

（四）预包装产品包装标签或其设计样张；

（五）中国绿色食品发展中心规定提交的其他证明材料。

第十二条 省级工作机构应当自收到申请之日起十个工作日内完成材料审查。符合要求的，予以受理，并在产品及产品原料生产期内组织有资质的检查员完成现场检查；不符合要求的，不予受理，书面通知申请人并告知理由。

现场检查合格的，省级工作机构应当书面通知申请人，由申请人委托符合第七条规定的检测机构对申请产品和相应的产地环境进行检测；现场检查不合格的，省级工作机构应当退回申请并书面告知理由。

第十三条 检测机构接受申请人委托后，应当及时安排现场抽样，并自产品样品抽样之日起二十个工作日内、环境样品抽样之日起三十个工作日内完成检测工作，出具产品质量检验报告和产地环境监测报告，提交省级工作机构和申请人。

检测机构应当对检测结果负责。

第十四条 省级工作机构应当自收到产品检验报告和产地环境监测报告之日起二十个工作日内提出初审意见。初审合格的，将初审意见及相关材料报送中国绿色食品发展中心。初审不合格的，退回申请并书面告知理由。

省级工作机构应当对初审结果负责。

第十五条 中国绿色食品发展中心应当自收到省级工作机构报送的申请材料之日起三十个工作日内完成书面审查，并在二十个工作日内组织专家评审。必要时，应当进行现场核查。

第十六条 中国绿色食品发展中心应当根据专家评审的意见，在五个工作日内作出是否颁证的决定。同意颁证的，与申请人签订绿色食品标志使用合同，颁发绿色食品标志使用证书，并公告；不同意颁证的，书面通知申请人并告知理由。

第十七条 绿色食品标志使用证书是申请人合法使用绿色

食品标志的凭证，应当载明准许使用的产品名称、商标名称、获证单位及其信息编码、核准产量、产品编号、标志使用有效期、颁证机构等内容。

绿色食品标志使用证书分中文、英文版本，具有同等效力。

第十八条 绿色食品标志使用证书有效期三年。

证书有效期满，需要继续使用绿色食品标志的，标志使用人应当在有效期满三个月前向省级工作机构书面提出续展申请。省级工作机构应当在四十个工作日内组织完成相关检查、检测及材料审核。初审合格的，由中国绿色食品发展中心在十个工作日内作出是否准予续展的决定。准予续展的，与标志使用人续签绿色食品标志使用合同，颁发新的绿色食品标志使用证书并公告；不予续展的，书面通知标志使用人并告知理由。

标志使用人逾期未提出续展申请，或者申请续展未获通过的，不得继续使用绿色食品标志。

第三章 标志使用管理

第十九条 标志使用人在证书有效期内享有下列权利：

（一）在获证产品及其包装、标签、说明书上使用绿色食品标志；

（二）在获证产品的广告宣传、展览展销等市场营销活动中使用绿色食品标志；

（三）在农产品生产基地建设、农业标准化生产、产业化经营、农产品市场营销等方面优先享受相关扶持政策。

第二十条 标志使用人在证书有效期内应当履行下列义务：

（一）严格执行绿色食品标准，保持绿色食品产地环境和产品质量稳定可靠；

（二）遵守标志使用合同及相关规定，规范使用绿色食品标志；

（三）积极配合县级以上人民政府农业行政主管部门的监督检查及其所属绿色食品工作机构的跟踪检查。

第二十一条 未经中国绿色食品发展中心许可，任何单位和个人不得使用绿色食品标志。

禁止将绿色食品标志用于非许可产品及其经营性活动。

第二十二条 在证书有效期内，标志使用人的单位名称、产品名称、产品商标等发生变化的，应当经省级工作机构审核后向中国绿色食品发展中心申请办理变更手续。

产地环境、生产技术等条件发生变化，导致产品不再符合绿色食品标准要求的，标志使用人应当立即停止标志使用，并通过省级工作机构向中国绿色食品发展中心报告。

第四章 监督检查

第二十三条 标志使用人应当健全和实施产品质量控制体系，对其生产的绿色食品质量和信誉负责。

第二十四条 县级以上地方人民政府农业行政主管部门应当加强绿色食品标志的监督管理工作，依法对辖区内绿色食品产地环境、产品质量、包装标识、标志使用等情况进行监督检查。

第二十五条 中国绿色食品发展中心和省级工作机构应当建立绿色食品风险防范及应急处置制度，组织对绿色食品及标志使用情况进行跟踪检查。

省级工作机构应当组织对辖区内绿色食品标志使用人使用绿色食品标志的情况实施年度检查。检查合格的，在标志使用证书上加盖年度检查合格章。

第二十六条 标志使用人有下列情形之一的，由中国绿色食品发展中心取消其标志使用权，收回标志使用证书，并予以公告：

（一）生产环境不符合绿色食品环境质量标准的；

（二）产品质量不符合绿色食品产品质量标准的；

（三）年度检查不合格的；

（四）未遵守标志使用合同约定的；

（五）违反规定使用标志和证书的；

（六）以欺骗、贿赂等不正当手段取得标志使用权的。

标志使用人依照前款规定被取消标志使用权的，三年内中国绿色食品发展中心不再受理其申请；情节严重的，永久不再受理其申请。

第二十七条 任何单位和个人不得伪造、转让绿色食品标志和标志使用证书。

第二十八条 国家鼓励单位和个人对绿色食品和标志使用情况进行社会监督。

第二十九条 从事绿色食品检测、审核、监管工作的人员，滥用职权、徇私舞弊和玩忽职守的，依照有关规定给予行政处罚或行政处分；构成犯罪的，依法移送司法机关追究刑事责任。

承担绿色食品产品和产地环境检测工作的技术机构伪造检测结果的，除依法予以处罚外，由中国绿色食品发展中心取消指定，永久不得再承担绿色食品产品和产地环境检测工作。

第三十条 其他违反本办法规定的行为，依照《中华人民共和国食品安全法》、《中华人民共和国农产品质量安全法》和《中华人民共和国商标法》等法律法规处罚。

第五章 附则

第三十一条 绿色食品标志有关收费办法及标准，依照国家相关规定执行。

第三十二条 本办法自 2012 年 10 月 1 日起施行。农业部 1993 年 1 月 11 日印发的《绿色食品标志管理办法》(1993 农(绿)字第 1 号)同时废止。

附录四 有机产品认证实施规则

1 目的和范围

1.1 为规范有机产品认证活动，根据《中华人民共和国认证认可条例》、《有机产品认证管理办法》等有关规定制定本规则。

1.2 本规则规定了从事有机产品认证的认证机构（以下简称认证机构）实施有机产品认证的程序与管理的基本要求。

1.3 对在中华人民共和国境内销售的有机产品进行的认证活动，应当遵守本规则的规定。

对从与国家认证认可监督管理委员会（以下简称“国家认监委”）签署了有机产品认证体系等效备忘录或协议的国家/地区进口的有机产品进行的认证活动，应当遵守备忘录或协议的相关规定。

1.4 遵守本规则的规定，并不意味着可免除其所承担的法律责任。

2 认证机构要求

2.1 从事有机产品认证活动的认证机构，应当具备《中华人民共和国认证认可条例》规定的条件和从事有机产品认证的技术能力，并获得国家认监委的批准。

2.2 认证机构应在获得国家认监委批准后的12个月内，向国家认监委提交其实施有机产品认证活动符合本规则和GB/T 27065《产品认证机构通用要求》的证明文件。认证机构在未提交相关证明文件前，每个批准认证范围颁发认证证书数量不得超过5张。

3 认证人员要求

3.1 从事认证活动的人员应当具备必要的个人素质；具有

相关专业教育和工作经历；接受过有机产品生产、加工、经营、食品安全及认证技术等方面的培训，具备相应的知识和技能。

3.2　有机产品认证检查员应取得中国认证认可协会的执业注册资质。

3.3　认证机构应对本机构的认证检查员的能力作出评价，以满足实施相应认证范围的有机产品认证活动的需要。

4　认证依据

GB/T 19630《有机产品》。

5　认证程序

5.1　认证申请

5.1.1　认证委托人应具备以下条件：

(1)取得国家工商行政管理部门或有关机构注册登记的法人资格；

(2)已取得相关法规规定的行政许可(适用时)；

(3)生产、加工的产品符合中华人民共和国相关法律、法规、安全卫生标准和有关规范的要求；

(4)建立和实施了文件化的有机产品管理体系，并有效运行3个月以上；

(5)申请认证的产品种类应在国家认监委公布的《有机产品认证目录》内；

(6)在五年内未因8.5中(1)至(4)的原因，被认证机构撤销认证证书；

(7)在一年内，未因8.5中(5)至(11)的原因，被认证机构撤销认证证书。

5.1.2　认证委托人应提交的文件和资料：

(1)认证委托人的合法经营资质文件复印件，如营业执照副本、组织机构代码证、土地使用权证明及合同等。

(2)认证委托人及其有机生产、加工、经营的基本情况:

认证委托人名称、地址、联系方式;当认证委托人不是产品的直接生产、加工者时,生产、加工者的名称、地址、联系方式;

生产单元或加工场所概况;

申请认证产品名称、品种及其生产规模包括面积、产量、数量、加工量等;同一生产单元内非申请认证产品和非有机方式生产的产品的基本信息;

过去三年间的生产历史,如植物生产的病虫草害防治、投入物使用及收获等农事活动描述;野生植物采集情况的描述;动物、水产养殖的饲养方法、疾病防治、投入物使用、动物运输和屠宰等情况的描述;

申请和获得其他认证的情况。

(3)产地(基地)区域范围描述,包括地理位置、地块分布、缓冲带及产地周围临近地块的使用情况等;加工场所周边环境描述、厂区平面图、工艺流程图等。

(4)有机产品生产、加工规划,包括对生产、加工环境适宜性的评价,对生产方式、加工工艺和流程的说明及证明材料,农药、肥料、食品添加剂等投入物质的管理制度以及质量保证、标识与追溯体系建立、有机生产加工风险控制措施等。

(5)本年度有机产品生产、加工计划,上一年度销售量、销售额和主要销售市场等。

(6)承诺守法诚信,接受行政监管部门及认证机构监督和检查,保证提供材料真实、执行有机产品标准、技术规范的声明。

(7)有机生产、加工的管理体系文件。

(8)有机转换计划(适用时)。

(9)当认证委托人不是有机产品的直接生产、加工者时,认证委托人与有机产品生产、加工者签订的书面合同复印件。

(10)其他相关材料。

5.2 认证受理

5.2.1 认证机构应至少公开以下信息:

(1)认证资质范围及有效期;

(2)认证程序和认证要求;

(3)认证依据;

(4)认证收费标准;

(5)认证机构和认证委托人的权利与义务;

(6)认证机构处理申诉、投诉和争议的程序;

(7)批准、注销、变更、暂停、恢复和撤销认证证书的规定与程序;

(8)获证组织使用中国有机产品认证标志、认证证书和认证机构标识或名称的要求;

(9)获证组织正确宣传的要求。

5.2.2 申请评审

对符合5.1要求的认证委托人,认证机构应根据有机产品认证依据、程序等要求,在10个工作日内对提交的申请文件和资料进行评审并保存评审记录,以确保:

(1)认证要求规定明确、形成文件并得到理解;

(2)认证机构和认证委托人之间在理解上的差异得到解决;

(3)对于申请的认证范围,认证委托人的工作场所和任何特殊要求,认证机构均有能力开展认证服务。

5.2.3 评审结果处理

申请材料齐全、符合要求的,予以受理认证申请。

对不予受理的,应当书面通知认证委托人,并说明理由。

5.3 现场检查准备与实施

5.3.1 根据所申请产品的对应的认证范围,认证机构应委派具有相应资质和能力的检查员组成检查组。每个检查组应至少有一名相应认证范围注册资质的专业检查员。

对同一认证委托人的同一生产单元不能连续3年以上(含3年)委派同一检查员实施检查。

5.3.2 检查任务

认证机构在现场检查前应向检查组下达检查任务书,内容包括但不限于:

(1)认证委托人的联系方式、地址等;

(2)检查依据,包括认证标准、认证实施规则和其他规范性文件;

(3)检查范围,包括检查的产品种类、生产加工过程和生产加工基地等;

(4)检查组成员,检查的时间要求;

(5)检查要点,包括管理体系、追踪体系、投入物的使用和包装标识等;

(6)上年度认证机构提出的不符合项(适用时)。

5.3.3 文件评审

在现场检查前,应对认证委托人的管理体系文件进行评审,确定其适宜性、充分性及与认证要求的符合性,并保存评审记录。

5.3.4 检查计划

5.3.4.1 检查组应制定检查计划,并在现场检查前得到认证委托人的确认。

认证监管部门对认证机构检查方案、计划有异议的,应至少在现场检查前2天提出。认证机构应当及时与该部门进行沟通,协调一致后方可实施现场检查。

5.3.4.2 现场检查时间应当安排在申请认证产品的生产、加工的高风险阶段。因生产季等原因,初次现场检查不能覆盖所有申请认证产品的,应当在认证证书有效期内实施现场补充检查。

5.3.4.3 应对生产单元的全部生产活动范围逐一进行现场

检查;多个农户负责生产(如农业合作社或公司+农户)的组织应检查全部农户。应对所有加工场所实施检查。需在非生产、加工场所进行二次分装/分割的,也应对二次分装/分割的场所进行现场检查,以保证认证产品的完整性。

现场检查还应考虑以下因素:

——有机与非有机产品间的价格差异;

——组织内农户间生产体系和种植、养殖品种的相似程度;

——往年检查中发现的不符合项;

——组织内部控制体系的有效性;

——再次加工分装分割对认证产品完整性的影响(适用时)。

5.3.5　检查实施

根据认证依据的要求对认证委托人的管理体系进行评审,核实生产、加工过程与认证委托人按照5.1.2条款所提交的文件的一致性,确认生产、加工过程与认证依据的符合性。检查过程至少应包括:

(1)对生产、加工过程和场所的检查,如生产单元存在非有机生产或加工时,也应对其非有机部分进行检查;

(2)对生产、加工管理人员、内部检查员、操作者的访谈;

(3)对GB/T 19630.4所规定的管理体系文件与记录进行审核;

(4)对认证产品的产量与销售量的汇总核算;

(5)对产品和认证标志追溯体系、包装标识情况的评价和验证;

(6)对内部检查和持续改进的评估;

(7)对产地和生产加工环境质量状况的确认,并评估对有机生产、加工的潜在污染风险;

(8)样品采集;

(9)对上一年度提出的不符合项采取的纠正和/或纠正措施

进行验证(适用时)。

检查组在结束检查前,应对检查情况进行总结,向受检查方及认证委托人明确并确认存在的不符合项,对存在的问题进行说明。

5.3.6 样品检测

5.3.6.1 应对申请认证的所有产品进行检测,并在风险评估基础上确定检测项目。认证证书发放前无法采集样品的,应在证书有效期内进行检测。

5.3.6.2 认证机构应委托具备法定资质的检测机构对样品进行检测。

5.3.6.3 有机生产或加工中允许使用物质的残留量应符合相关法规、标准的规定。有机生产和加工中禁止使用的物质不得检出。

5.3.7 产地环境质量状况

认证委托人应出具有资质的监(检)测机构对产地环境质量进行的监(检)测报告以证明其产地的环境质量状况符合 GB/T 19630《有机产品》规定的要求。土壤和水的检测报告委托方应为认证委托人。

5.3.8 有机转换要求

5.3.8.1 未能保持有机认证的生产单元,需重新经过有机转换才能再次获得有机认证。

5.3.8.2 有机转换计划须获得认证机构批准,并且在开始实施转换计划后每年须经认证机构核实、确认。未按转换计划完成转换的生产单元不能获得认证。

5.3.9 投入品

5.3.9.1 有机生产或加工过程中允许使用 GB/T 19630.1 附录 A、附录 B 及 GB/T 19630.2 附录 A、附录 B 列出的物质。

5.3.9.2 对未列入 GB/T 19630.1 附录 A、附录 B 或

GB/T 19630.2附录A、附录B的投入品，认证委托人应在使用前向认证机构提交申请，详细说明使用的必要性和申请使用投入品的组分、组分来源、使用方法、使用条件、使用量以及该物质的分析测试报告(必要时)，认证机构应根据GB/T 19630.1附录C或GB/T 19630.2附录C的要求对其进行评估。经评估符合要求的，由认证机构报国家认监委批准后方可使用。

5.3.9.3　国家认监委可在专家评估的基础上，公布有机生产、加工投入品临时补充列表。

5.3.10　检查报告

5.3.10.1　认证机构应规定检查报告的格式。

5.3.10.2　应通过检查记录、检查报告等书面文件，提供充分的信息使认证机构能作出客观的认证决定。

5.3.10.3　检查报告应包括检查组通过风险评估对认证委托人的生产、加工活动与认证要求符合性的判断，对其管理体系运行有效性的评价，对检查过程中收集的信息以及对符合与不符合认证要求的说明，对其产品质量安全状况的判定等内容。

5.3.10.4　检查组应对认证委托人执行标准的总体情况作出评价，但不应对认证委托人是否通过认证作出书面结论。

5.4　认证决定

5.4.1　认证机构应基于对产地环境质量在现场检查和产品检测评估的基础上作出认证决定。认证决定同时应考虑的因素还应包括：产品生产、加工特点，企业管理体系稳定性，当地农兽药管理和社会整体诚信水平等。

对于符合认证要求的认证委托人，认证机构应颁发认证证书(基本格式见附件1、2)。

对于不符合认证要求的认证委托人，认证机构应以书面的形式明示其不能通过认证的原因。

5.4.2　认证委托人符合下列条件之一，予以批准认证：

(1)生产加工活动、管理体系及其他审核证据符合本规则和认证标准的要求；

(2)生产加工活动、管理体系及其他审核证据虽不完全符合本规则和认证依据标准的要求，但认证委托人已经在规定的期限内完成了不符合项纠正或(和)纠正措施，并通过认证机构验证。

5.4.3 认证委托人的生产加工活动存在以下情况之一，不予批准认证：

(1) 提供虚假信息，不诚信的；

(2) 未建立管理体系或建立的管理体系未有效实施的；

(3) 生产加工过程使用了禁用物质或者受到禁用物质污染的；

(4)产品检测发现存在禁用物质的；

(5) 申请认证的产品质量不符合国家相关法规和(或)标准强制要求的；

(6)存在认证现场检查场所外进行再次加工、分装、分割情况的；

(7)一年内出现重大产品质量安全问题或因产品质量安全问题被撤销有机产品认证证书的；

(8)未在规定的期限完成不符合项纠正或者(和)纠正措施，或者提交的纠正或者(和)纠正措施未满足认证要求的；

(9)经监(检)测产地环境受到污染的；

(10)其他不符合本规则和(或)有机标准要求，且无法纠正的。

5.4.4 申诉

认证委托人如对认证决定结果有异议，可在10个工作日内向认证机构申诉，认证机构自收到申诉之日起，应在30个工作日内进行处理，并将处理结果书面通知认证委托人。

认证委托人如认为认证机构的行为严重侵害了自身合法权

益,可以直接向认证监管部门申诉。

6 认证后管理

6.1 认证机构应当每年对获证组织至少实施一次现场检查。认证机构应根据申请认证产品种类和风险、生产企业管理体系的稳定性、当地诚信水平总体情况等,合理确定现场检查频次。同一认证的品种在证书有效期内如有多个生产季的,则每个生产季均需进行现场检查。

此外,认证机构还应在风险评估的基础上每年至少对5%的获证组织实施一次不通知的现场检查。

6.2 认证机构应及时获得获证组织变更信息,对获证组织有效管理,以保证其持续符合认证的要求。

6.3 认证机构在与认证委托人签订的合同中,应明确约定获证组织需建立信息通报制度,及时向认证机构通报以下信息:

(1)法律地位、经营状况、组织状态或所有权变更的信息;

(2)组织和管理层变更的信息;

(3)联系地址和场所变更的信息;

(4)有机产品管理体系、生产、加工、经营状况或过程变更的信息;

(5)认证产品的生产、加工、经营场所周围发生重大动、植物疫情的信息;

(6)生产、加工、经营的有机产品质量安全重要信息,如相关部门抽查发现存在严重质量安全问题或消费者重大投诉等;

(7)获证组织因违反国家农产品、食品安全管理相关法律法规而受到处罚;

(8)采购的原料或产品存在不符合认证依据要求的情况;

(9)不合格品撤回及处理的信息;

(10)其他重要信息。

6.4 销售证

6.4.1 认证机构应制定销售证申请和办理程序，要求获证组织在销售认证产品前向认证机构申请销售证。

6.4.2 认证机构应对获证组织与顾客签订的供货协议、销售的认证产品范围和数量进行审核。对符合要求的，颁发有机产品销售证。

6.4.3 销售证由获证组织在销售获证产品时转交给购买单位。获证组织应保存销售证的复印件，以备认证机构审核。

6.4.4 销售证基本格式见附件3。

7 再认证

7.1 获证组织应至少在认证证书有效期结束前3个月向认证机构提出再认证申请。

获证组织的有机产品管理体系和生产、加工过程未发生变更时，可适当简化申请评审和文件评审程序。

7.2 认证机构应当在认证证书有效期内进行再认证检查。因不可抗拒力的原因，不能在认证证书有效期内进行再认证检查时，获证组织应在证书有效期内向认证机构提出书面申请，说明原因。经认证机构确认，再认证可在认证证书有效期后的3个月内实施，但不得超过3个月。延长期内生产的产品，不得作为有机产品进行销售。

7.3 不能在认证证书有效期内进行现场检查，在3个月延长期内未实施再认证的生产单元需重新进行转换认证。

8 认证证书、认证标志的管理

8.1 认证证书基本格式

有机产品认证证书有效期为一年，认证证书基本格式应符合本规则附件1、2的规定。认证证书的编号应当从“中国食品农产品认证信息系统”中获取，认证机构不得自行编制认证证书编号发放认证证书。

8.2　认证证书的变更

获证产品在认证证书有效期内，有下列情形之一的，认证委托人应当向认证机构申请认证证书的变更：

(1)有机产品生产、加工单位名称或者法人性质发生变更的；

(2)产品种类和数量减少的；

(3)有机产品转换期满的；

(4)其他需要变更的情形。

8.3　认证证书的注销

有下列情形之一的，认证机构应当注销获证组织认证证书，并对外公布：

(1)认证证书有效期届满前，未申请延续使用的；

(2)获证产品不再生产的；

(3)认证委托人申请注销的；

(4)其他依法应当注销的情形。

8.4　认证证书的暂停

有下列情形之一的，认证机构应当暂停认证证书1～3个月，并对外公布：

(1)未按规定使用认证证书或认证标志的；

(2)获证产品的生产、加工过程或者管理体系不符合认证要求，且在30日内不能采取有效纠正或(和)者纠正措施的；

(3)未按要求对信息进行通报的；

(4)认证监管部门责令暂停认证证书的；

(5)其他需要暂停认证证书的情形。

8.5　认证证书的撤销

有下列情况之一的，认证机构应当撤销认证证书，并对外公布：

(1)获证产品质量不符合国家相关法规、标准强制要求或者被检出禁用物质的；

(2)生产、加工过程中使用了有机产品国家标准禁用物质或者受到禁用物质污染的；

(3)虚报、瞒报获证所需信息的；

(4)超范围使用认证标志的；

(5)产地(基地)环境质量不符合认证要求的；

(6)认证证书暂停期间，认证委托人未采取有效纠正或者(和)纠正措施的；

(7)获证产品在认证证书标明的生产、加工场所外进行了再次加工、分装、分割的；

(8)对相关方重大投诉未能采取有效处理措施的；

(9)获证组织因违反国家农产品、食品安全管理相关法律法规，受到相关行政处罚的；

(10)获证组织不接受认证监管部门、认证机构对其实施监督的；

(11)认证监管部门责令撤销认证证书的；

(12)其他需要撤销认证证书的。

8.6　认证证书的恢复

认证证书被注销或撤销后，不能以任何理由予以恢复。

被暂停证书的获证组织，需认证证书暂停期满且完成不符合项纠正或(和)纠正措施并经认证机构确认后方可恢复认证证书。

8.7　证书与标志使用

认证证书和认证标志的管理、使用应当符合《认证证书和认证标志管理办法》、《有机产品认证管理办法》和《有机产品》国家标准的规定。

中国有机产品认证标志分为中国有机产品认证标志和中国有机转换产品认证标志。获证产品或者产品的最小销售包装上应当加施中国有机产品认证标志及其唯一编号(编号前应注明

“有机码”以便识别)、认证机构名称或者其标识。

初次获得有机转换产品认证证书一年内生产的有机转换产品,只能以常规产品销售,不得使用有机转换产品认证标志及相关文字说明。

认证证书暂停期间,认证机构应当通知并监督获证组织停止使用有机产品认证证书和标志,暂时封存仓库中带有有机产品认证标志的相应批次产品;获证组织应将注销、撤销的有机产品认证证书和未使用的标志交回认证机构或获证组织应在认证机构的监督下销毁剩余标志和带有有机产品认证标志的产品包装。必要时,召回相应批次带有有机产品认证标志的产品。

9 信息报告

认证机构应当按照要求及时将下列信息通报相关政府监管部门:

(1)认证机构应当按要求,及时向“中国食品农产品认证信息系统”填报认证活动信息,现场检查计划应在现场检查 5 个工作日前录入信息系统。

(2)认证机构应当在 10 个工作日内将撤销、暂停认证证书的获证组织名单和原因,向国家认监委和该组织所在地的省级质量监督、检验检疫、工商行政管理部门报告,并向社会公布;

(3)认证机构在获知获证组织发生产品质量安全事故后,应当及时将相关信息向国家认监委和获证组织所在地的省级质量监督、检验检疫、工商行政管理部门通报;

(4)认证机构应当于每年 3 月底之前将上年度有机产品生产/加工(如包含加工企业时)企业认证工作报告报送国家认监委,报告内容至少包括:颁证数量、获证产品质量分析、暂停和撤销认证证书清单及原因分析等。

10　认证收费

认证机构应根据相关规定收取认证费用。

附件：

1. 有机产品认证证书基本格式（略）
2. 有机转换产品认证证书基本格式（略）
3. 有机产品销售证基本格式（略）
4. 有机产品认证证书编号规则（略）
5. 国家有机产品认证标志编码规则（略）

附录五　农产品地理标志管理办法

第一章　总则

第一条　为规范农产品地理标志的使用，保证地理标志农产品的品质和特色，提升农产品市场竞争力，依据《中华人民共和国农业法》、《中华人民共和国农产品质量安全法》相关规定，制定本办法。

第二条　本办法所称农产品是指来源于农业的初级产品，即在农业活动中获得的植物、动物、微生物及其产品。

本办法所称农产品地理标志，是指标示农产品来源于特定地域，产品品质和相关特征主要取决于自然生态环境和历史人文因素，并以地域名称冠名的特有农产品标志。

第三条　国家对农产品地理标志实行登记制度。经登记的农产品地理标志受法律保护。

第四条　农业部负责全国农产品地理标志的登记工作，农业部农产品质量安全中心负责农产品地理标志登记的审查和专家评审工作。

省级人民政府农业行政主管部门负责本行政区域内农产品地理标志登记申请的受理和初审工作。

农业部设立的农产品地理标志登记专家评审委员会，负责专家评审。农产品地理标志登记专家评审委员会由种植业、畜牧业、渔业和农产品质量安全等方面的专家组成。

第五条　农产品地理标志登记不收取费用。县级以上人民政府农业行政主管部门应当将农产品地理标志管理经费编入本部门年度预算。

第六条　县级以上地方人民政府农业行政主管部门应当将农产品地理标志保护和利用纳入本地区的农业和农村经济发展

规划，并在政策、资金等方面予以支持。

国家鼓励社会力量参与推动地理标志农产品发展。

第二章　登记

第七条　申请地理标志登记的农产品，应当符合下列条件：

（一）称谓由地理区域名称和农产品通用名称构成；

（二）产品有独特的品质特性或者特定的生产方式；

（三）产品品质和特色主要取决于独特的自然生态环境和人文历史因素；

（四）产品有限定的生产区域范围；

（五）产地环境、产品质量符合国家强制性技术规范要求。

第八条　农产品地理标志登记申请人为县级以上地方人民政府根据下列条件择优确定的农民专业合作经济组织、行业协会等组织。

（一）具有监督和管理农产品地理标志及其产品的能力；

（二）具有为地理标志农产品生产、加工、营销提供指导服务的能力；

（三）具有独立承担民事责任的能力。

第九条　符合农产品地理标志登记条件的申请人，可以向省级人民政府农业行政主管部门提出登记申请，并提交下列申请材料：

（一）登记申请书；

（二）申请人资质证明；

（三）产品典型特征特性描述和相应产品品质鉴定报告；

（四）产地环境条件、生产技术规范和产品质量安全技术规范；

（五）地域范围确定性文件和生产地域分布图；

（六）产品实物样品或者样品图片；

（七）其他必要的说明性或者证明性材料。

第十条 省级人民政府农业行政主管部门自受理农产品地理标志登记申请之日起，应当在45个工作日内完成申请材料的初审和现场核查，并提出初审意见。符合条件的，将申请材料和初审意见报送农业部农产品质量安全中心；不符合条件的，应当在提出初审意见之日起10个工作日内将相关意见和建议通知申请人。

第十一条 农业部农产品质量安全中心应当自收到申请材料和初审意见之日起20个工作日内，对申请材料进行审查，提出审查意见，并组织专家评审。

专家评审工作由农产品地理标志登记评审委员会承担。农产品地理标志登记专家评审委员会应当独立作出评审结论，并对评审结论负责。

第十二条 经专家评审通过的，由农业部农产品质量安全中心代表农业部对社会公示。

有关单位和个人有异议的，应当自公示截止日起20日内向农业部农产品质量安全中心提出。公示无异议的，由农业部作出登记决定并公告，颁发《中华人民共和国农产品地理标志登记证书》，公布登记产品相关技术规范和标准。

专家评审没有通过的，由农业部作出不予登记的决定，书面通知申请人，并说明理由。

第十三条 农产品地理标志登记证书长期有效。

有下列情形之一的，登记证书持有人应当按照规定程序提出变更申请：

（一）登记证书持有人或者法定代表人发生变化的；

（二）地域范围或者相应自然生态环境发生变化的。

第十四条 农产品地理标志实行公共标识与地域产品名称相结合的标注制度。公共标识基本图案见附图。农产品地理标志使用规范由农业部另行制定公布。

第三章　标志使用

第十五条　符合下列条件的单位和个人，可以向登记证书持有人申请使用农产品地理标志：

（一）生产经营的农产品产自登记确定的地域范围；

（二）已取得登记农产品相关的生产经营资质；

（三）能够严格按照规定的质量技术规范组织开展生产经营活动；

（四）具有地理标志农产品市场开发经营能力。

使用农产品地理标志，应当按照生产经营年度与登记证书持有人签订农产品地理标志使用协议，在协议中载明使用的数量、范围及相关的责任义务。

农产品地理标志登记证书持有人不得向农产品地理标志使用人收取使用费。

第十六条　农产品地理标志使用人享有以下权利：

（一）可以在产品及其包装上使用农产品地理标志；

（二）可以使用登记的农产品地理标志进行宣传和参加展览、展示及展销。

第十七条　农产品地理标志使用人应当履行以下义务：

（一）自觉接受登记证书持有人的监督检查；

（二）保证地理标志农产品的品质和信誉；

（三）正确规范地使用农产品地理标志。

第四章　监督管理

第十八条　县级以上人民政府农业行政主管部门应当加强农产品地理标志监督管理工作，定期对登记的地理标志农产品的地域范围、标志使用等进行监督检查。

登记的地理标志农产品或登记证书持有人不符合本办法第

七条、第八条规定的，由农业部注销其地理标志登记证书并对外公告。

第十九条 地理标志农产品的生产经营者，应当建立质量控制追溯体系。农产品地理标志登记证书持有人和标志使用人，对地理标志农产品的质量和信誉负责。

第二十条 任何单位和个人不得伪造、冒用农产品地理标志和登记证书。

第二十一条 国家鼓励单位和个人对农产品地理标志进行社会监督。

第二十二条 从事农产品地理标志登记管理和监督检查的工作人员滥用职权、玩忽职守、徇私舞弊的，依法给予处分；涉嫌犯罪的，依法移送司法机关追究刑事责任。

第二十三条 违反本办法规定的，由县级以上人民政府农业行政主管部门依照《中华人民共和国农产品质量安全法》有关规定处罚。

第五章 附则

第二十四条 农业部接受国外农产品地理标志在中华人民共和国的登记并给予保护，具体办法另行规定。

第二十五条 本办法自 2008 年 2 月 1 日起施行。

附图：公共标识基本图案

参考文献

[1] 史兆光,林红霞.农产品安全的监管[J].大连海事大学学报:社会科学版,2008,7(6):103-105.

[2] 莫鸣.农业科技对农产品安全的影响[J].新疆农垦经济,2013(11):44-48,89.

[3] 何静,王素玲.农产品安全:一个亟待解决的问题[J].漯河职业技术学院学报:综合版,2002,1(3):47-49.

[4] 蒋乐蓉.加强环境保护 确保农产品安全[J].贵州学院学报:自然科学版,2010,5(3):42-44.

[5] 陈蕾蕾,祝清俊,等.我国农产品安全问题的现状与对策[J].农产品加工:创新版,2010(3):58-59,64.

[6] 刘凤枝,师荣光,等.土壤污染与食用农产品安全[J].食物安全,2010(3):50-54.

[7] 杨帆,杨涛,等.我国农产品安全问题原因与对策浅析[J].消费导刊,2009(3):194.

[8] 陈燕予.我国农产品安全的现状及发展趋势研究[J].湖北科技学院学报,2013,33(10):32-33.

[9] 张树秋,董燕婕,赵善仓,等.农产品质量安全监管“安丘模式”探析[J].农产品质量与安全,2015(6):63-66.

[10] 王芳.清苑县农业品牌化建设的调查与思考[J/CD].基层农技推广,2015(3):61-63.

[11] 杨玲,盛松华,温少辉,等.县域农产品质量安全监管现状及问题分析[J].农产品质量与安全,2015(4):18-21.

[12] 罗劲松.提高农产品质量安全监管水平的路径探讨[J].农产品质量与安全,2014(2):67-69.

[13] 元成斌,吴美霞.我国农产品质量安全管理现状、问题及对策研究[J].吉林农业,2010(10):23-24.

[14] 于造辉.丹东市农产品质量安全检测体系建设中的问题与设想[J].黑龙江水利科技,2010,21(2):163.

[15] 薛宇,刘玉然,孙振国.邹城市农产品质量安全现状及对策[J].现代农业科技,2010,21(9):354,356.

[16] 李长健,徐丽峰.农产品质量安全监管问题及具体对策研究[J].贵州警官职业技术学院学报,2010,21(2):62-66.

[17] 吴进斌,吴朝霞.福建省农产品安全现状分析与监管对策[J].福建农业科技,2010,21(2):75-78.

[18] 李欣,钱永忠.农业质量安全体系模式——英国的“小红拖拉机”体系简况[J].农产品质量与安全,2006,5:54-56.

[19] 杨芳.英国农产品质量安全监管的启示与建议[J].福建农业科技,2008,3:79-81.

[20] 傅晨.英国农业现状[J].世界农业,1997,7:17.

[21] 黄江武.关于赴澳大利亚农产品质量安全监管工作的考察与思考[J].青海农牧业,2012,1:25-28.

[22] 张继宗.发达国家对食品安全的监管及启示[J].中国工商管理研究,2005,9:51-53.

[23] 马仁磊.食品安全风险交流国际经验及对我国的启示[J].中国食物与营养,2013,19(3):5-7.

[24] 李佳洁,王宁,王志刚,等.强化食品安全责任主体法律责任的国际借鉴研究——以美国、日本为例[J].农产品质量与安全,2013,2:73-75.

[25] 柳庆霞.安庆市农产品质量安全检测体系建设实践与建议[J].安徽农学通报,2012,18(13):195-196,217.